正念教养游戏

袁淑秀 著

人民邮电出版社

北京

图书在版编目（CIP）数据

正念教养游戏 / 袁淑秀著. -- 北京 ：人民邮电出版社，2025. -- ISBN 978-7-115-67212-4

Ⅰ．G782

中国国家版本馆 CIP 数据核字第 2025G39S06 号

内 容 提 要

本书是一部融合心理学理论与育儿实践的科学养育指南，通过 50 个结构化正念教养游戏，系统构建儿童心理成长的支持体系。

全书以"正念教养"为核心，将东方冥想智慧与认知行为疗法、积极心理学等经典理论结合，开创性地提出可视化积极冥想。内容涵盖专注力培养、自信心建立、压力管理、学习能力提升、考试焦虑管理、情绪管理、品格塑造等儿童发展的关键领域，通过游戏化正念练习及科学养育指导模式，帮助儿童在趣味体验中提升心理韧性，为成长塑造稳定的心理基础。本书每个游戏都配有儿童正念冥想脚本和配套音频、家长小贴士及延伸活动，形成了极具实操性和趣味性的游戏化正念教养指南。

本书适合 3～15 岁儿童的家长阅读，还适合幼儿园及小学教师、儿童和青少年心理咨询师、家庭教育指导师等阅读与参考。

◆ 著 袁淑秀
责任编辑 田 甜
责任印制 彭志环

◆ 人民邮电出版社出版发行 北京市丰台区成寿寺路 11 号
邮编 100164 电子邮件 315@ptpress.com.cn
网址 https://www.ptpress.com.cn
固安县铭成印刷有限公司印刷

◆ 开本：787×1092 1/32
印张：9.625 2025 年 7 月第 1 版
字数：140 千字 2025 年 11 月河北第 3 次印刷

定 价：59.80 元
读者服务热线：（010）81055656 印装质量热线：（010）81055316
反盗版热线：（010）81055315

目录

第 3 章
情绪管理与品格养成

第 4 章

日常生活中的正念练习

第 5 章
正念放松与减压

附录
正念工具箱

引言

开启正念教养之旅

十多年前的那个秋天，我经历了一段充满焦虑与无助的时光。

那时，我的儿子刚升入小学三年级。原本期待他会满怀热情地迎接新学期，然而现实却截然相反。他变得沉默寡言，不再像往常那样兴奋地分享学校的点滴。更令人担忧的是，他的成绩开始起伏不定，老师也多次反映他在课堂上注意力不集中。

作为一名心理咨询师，我察觉到儿子可能正经历着内心的困扰；但作为母亲，我却陷入了深深的自责与无力感。我不禁反思：是否因为父母工作繁忙而忽视了对他的关心？是否父母过高的期望给他带来了沉重的压力？

记得在某个周末，我决定放下手头的工作，带他去郊外散心。我们来到一片竹林，微风轻拂，竹叶沙沙作响。我牵着他的手，缓缓前行。突然，他停下脚步，仰望着高耸的竹子，轻声说道："妈妈，你听，竹子在唱歌。"

我微微一怔，侧耳倾听，果然，风吹过竹林，仿佛奏响了一首悠扬的乐章。我蹲下来，与他平视，温柔地问道："你喜欢这个声音吗？"

他点点头，眼中闪烁着满足的光芒："嗯，这里好安静，我感觉很舒服。"

我已经很久没有听到孩子如此纯粹而快乐地表达感受了。

那一刻，我的心被深深触动了。原来，孩子需要的并非我们给予的物质条件，而是我们简简单单的陪伴与理解。

我微微一笑，轻声说："那我们一起再仔细听听，看看还能发现什么声音，好吗？"

他兴奋地点点头，我们静静地站在竹林中，闭上双眼，感受着周围的一切。微风拂过，带来阵阵清新的竹香。

过了一会儿，他说道："妈妈，我听到了小鸟的叫声，虫子在飞的声音……远处汽车的鸣笛声，还有流水声。"

我侧耳倾听，果然，他听到了我忽略的极细微的流水声。我们顺着声音的方向走去，越往前，流水声越清晰。不一会儿，我们果然找到了一条清澈的小溪，溪水在阳光的照耀下闪烁着粼粼波光。他蹲下来，用手轻轻拨弄着水面，笑着说："水好凉，好舒服。"

我在他身旁坐下，捡起一片落叶，放在水面上，叶子顺流而下。他目不转睛地盯着，兴奋地说："妈妈，我们来比赛，看谁的叶子漂得远！"

我们找来几片不同形状的叶子，依次放入水中，看着它们随着水流漂远。他欢快的笑声在林间回荡，我的心也被这纯真的快乐所感染。

我问他："你现在感觉怎么样？"

他开心地回答："我觉得很好，原来周围有这么多美妙的声音，我以前都没有注意到。"

看到儿子久违的放松和开心的样子，我想起了以前读过的关于正念的书，刚才我们的声音游戏，不正是正念游戏的一种吗？无意间，我的儿子为我打开了一扇全新的门。

回到家后，我开始有意接触并学习正念，尝试将其融入育儿和心理咨询中。

从简单的正念练习，如专注于呼吸、聆听周围的声音、体会内心的感受，到视觉化的正念冥想，经过一段时间的游戏，儿子的变化让我欣喜。他的情绪逐渐稳定，变得更加开朗、自信，学习也更主动了。老师反馈说他在课堂上很专注，与同学相处得更加融洽了。到了五六年级时，他已经成为老师们公认的品学兼优的孩子，还获得过很多奖项。

同时，正念也改变了我。我学会了放下对结果的执着，更多地关注当下，关注我与儿子的真实连接。我不再一味地给他施加压力，而是尊重他的节奏，陪伴他一起成长。我们母子的关系更加亲密了。他愿意与我分享他的喜怒哀乐，我们共同面对生活中的挑战。

十多年的时间转瞬即逝，如今，他已经成为一个自信、阳光的大男孩，面对未来充满了信心和勇气。

而这些看似简单的方法，对其他来访者来说，效果同样令人惊奇。十多年来，我帮助过许许多多儿童和青少年及成人来访者，在正念的加持下，很多人对人生的态度发生了积极的转变。我也在实践中慢慢摸索出一套可操作的正念冥想游戏体系。

正念并非一种立竿见影的魔法，而是在日常生活的点滴中，潜移默化地塑造着孩子的内心世界。通过一次次的练习和体验，逐渐培养出内在的平静和力量。

正如林清玄先生所说："以清净心看世界，以欢喜心过生活，以平常心生情味，以柔软心除挂碍。"

当我们内心平静时，周围的世界也会随之变得美好而有力量。

正念，是一条通往平静内心的捷径。

什么是正念和可视化积极冥想

想象心灵如同一片湖水，当湖面平静时，湖水清澈见底，水底的每一颗石子与游动的鱼群都清晰可见；然而，当湖面被风掀起波澜或被投入石子时，水变得浑浊，湖底的景象变得模糊。正念，便是让这片湖水恢复平静的方法，它使我们能够清晰地观察内心与外部世界。

正念作为东方冥想传统与现代心理学的融合体，其认知本质可界定为对当下体验的非评判性觉知，其核心含义是"清晰地觉察"或"明白地看见"。它是一种专注于当下的心态，如同将聚光灯聚焦于此时此刻，不加评判地观察我们所经历的事物与情感。正念的目的并非改变什么，而是帮助我们以开放与好奇的心态，全面地感受生活。

在现代社会，快节奏的生活如同高速行驶的列车，周围的风景转瞬即逝，常常令人感到眩晕与迷失。正念则如同旅途中的驿站，让我们有机会停下脚步，深呼吸，欣赏沿途的风景，真正体验生命的鲜活感觉。

根植于东方哲学体系的正念实践，如今已经以科学与实用的方式融入日常生活中，帮助我们打开内心之门，连接自己的感受与体验，从而更清晰、平和地面对生活中的挑战。

在正念的基础上，发展出了可视化积极冥想。这一方法因其趣味性与视觉化特点，特别适合儿童练习。如果说正念是让湖水归于平静的方法，那么可视化积极冥想便是平静的湖面上映射出的美丽风景。

正念教会我们专注于当下，如同一位安静的观察者，不带评判地感受自身的情绪与思想。这就像先让心灵的湖水平静下来，使其清澈透明，能够真实地反映内心与外部世界。而可视化积极冥想则是在这片平静的湖面上，投射出积极、美好的图像。它通过我们的想象力，在心中描绘出希望达成的目标、渴望拥有的品质或令人愉悦的场景。如同在湖面上欣赏一幅幅美丽的画卷，这些画卷激励着我们，带来内在的力量与动力。

正念与可视化积极冥想的关系如同地基与建筑。正念是地基，提供了稳固的基础；可视化积极冥想是建筑，在地基上塑造出理想的模样。没有正念的平静，可视化积极冥想的效果可能会被个体内心的杂念与焦虑所干扰；而没有可视化积极冥想，正念的平静则缺乏积极引导的方向。

以更形象的比喻来说，正念如同调节收音机，消除嘈杂的干扰，找到清晰的频道；可视化积极冥想则如同在这个清晰的频道上，播放你最喜欢的音乐，它激励人心、振奋精神。

正念可以帮助孩子学会专注与自我觉察，而可视化积极冥想则可以激发他们的想象力与创造力，鼓励他们积极成长。

因此，正念与可视化积极冥想相辅相成。正念为我们营造了平和、开放的心境，使我们能够更深刻地进行可视化练习；而可视化积极冥想则利用这一心境，帮助我们设定积极的目标，培养自信与乐观的心态。

正念教养：构建新时代亲子关系的科学路径

许多家长，包括曾经的我，常常为孩子的成长感到焦虑。例如，当孩子们沉迷于电子设备，逐渐远离现实生活时，家长们不禁担忧：如何让孩子在虚拟世界中找到内心的平静，感受生活的美好？

卡梅隆导演在《阿凡达》中，为潘多拉星球设计了一棵神奇的灵魂之树，象征着地球上人类与自然的紧密联系。虽然我们无法像电影中那样与自然建立物理连接，但我们的感官和心灵却能时刻与环境产生共鸣。

一次，我带领一群孩子在森林中进行正念漫步。在森林深处，我们停下脚步，闭上双眼，聆听风吹过树叶的声音，感受阳光洒在脸上的温暖。一个小女孩睁开双眼，轻声说道："我感受到了心跳，感受到了大地的呼吸。"那一刻，我看到了她眼中的光芒，那是与自然和自我深度连接的喜悦，丝毫不逊色于《阿凡达》中的体验。这正是正念教养的力量。

正念教养能帮助孩子打开感知的窗户，发现生活中细微而美好的瞬间；它教会孩子如何面对情绪，如何在纷繁的世界中找到自我。当孩子学会正念，他们的内心会变得柔软而坚韧，能够平静地应对成长中的挑战。

正念如同一缕指引方向的清风。它并非新理念，却在现代社会中焕发出独特的光彩。正念教养旨在引导孩子专注于当下，真实地感受每一刻，不评判、不执着，纯粹地体验生命的流动。

有人或许会质疑，正念是否过于玄妙，难以实践？其实不然。正念并非高深莫测的哲学，而是生活中的点滴觉察。早晨醒来时，感受呼吸的节奏；用餐时，品味食物的滋味；与人交流时，全心投入，倾听对方的声音。这些都是正念的体现。

在家庭中，我们可以与孩子一起实践正念。放下手机，关掉电视机，和孩子一起读书、烹饪，或只是静静地坐在一起，分享彼此的感受。这些简单的时刻，会在孩子心中种下正念的种子，伴随其一生。

现代社会的喧嚣让我们渴望拥有一片心灵的净土。正念教养正是为孩子和整个家庭带来这片净土的途径。它让我们重新发现生活的本真，找到内心的平和。

自从我推出儿童正念冥想课程以来，几乎每天都会收到家长的反馈，他们不仅提供了有益的建议，还对正念游戏给孩子带来的变化感到欣喜。

正念源于古老的东方智慧，如今已成为现代社会的流行词，被心理学界和学校、家庭认可，成为一种主流心理游戏方法。

越来越多的研究表明，正念可以改善我们对生活的感受，提升应对压力的能力，并可能改善身体和情感健康状况。正念练习有益于孩子的大脑发育，改善行为，提升注意力，培养心理技能，增强心理韧性。

正念教养的益处

正念教养结合可视化积极冥想，能为孩子和整个家庭带来全方位的积极影响。这种方法不仅能促进孩子的心理健康和全面发展，还能改善亲子关系并提升家庭幸福感。

1. 培养孩子的专注力和内在力量

现代社会充满诱惑，孩子的注意力容易被分散。正念游戏可以提高他们的专注力。此外，正念还能培养孩子的内在力量，培养积极心态，让他们在面对挑战时更具心理韧性，从而提升学习成绩和综合素质。

2. 增强孩子对自身和世界的感知能力

正念唤醒孩子对自身和世界的兴趣，学会接受和处理内在自我与外界信息，从容地应对各种问题。孩子可以通过可视化冥想游戏提升想象力、创造力、感悟力和共情力等。

3. 理解、接纳并改善孩子的情绪

孩子的情绪如同天气，有晴有雨，有时甚至会出现"暴风雨"。正念教会家长以平静的心态观察和接纳孩子的情绪，而不急于评判或纠正。通过这种方式，孩子也学会了正视自己的情绪，培养了情绪管理能力。

4. 减轻压力，提升父母自身的幸福感

育儿并非易事，许多父母在这个过程中感到压力和焦虑。正念不仅对孩子有益，对父母自身也是一种疗愈。通过正念练习，父母将学会如何与自己的情绪相处，如何在压力中找到平衡，从而以更好的状态陪伴孩子。

5. 回归当下，建立深厚的亲子关系

父母的时间被各种事务所占据，常常忽略了与孩子相处的质量。正念引导我们专注于当下，放下对过去的懊悔和对未来的担忧，全心全意地陪伴孩子。这种高质量的陪伴，能让孩子感受到被关注和被爱的温暖。

正念教养不仅是一种方法，更是一种生活态度。当父母以正念的方式与孩子相处时，亲子关系会更加紧密。孩子感受到父母的理解和支持，信任感也会随之增强。

如何使用本书

或许部分家长会疑惑，正念教养是否具有较高的实践

门槛？是否需要投入大量的时间和精力？其实，正念教养方式并不复杂，它融入我们日常生活的点滴中，其核心维度包含以下四个。

第一，专注于当下的每一刻。无论是与孩子一起吃饭、做游戏，还是陪伴其入睡，家长都可以专注于当下，感受当下。

第二，接受和理解孩子的情绪。当孩子表现出负面情绪时，不要急于批评或纠正，先给予孩子空间，鼓励其表达出来。

第三，进行简单的正念练习。每天用几分钟，使用本书提供的方法，与孩子一起进行正念呼吸、冥想、可视化想象等练习，培养他们的专注力，激发积极心态等。

第四，自我关怀。父母也需要照顾好自己的情绪和需求，通过正念练习，提升自己的幸福感和内在力量。

本书特色

本书包含了 50 个精心设计的正念游戏，每个游戏都包括以下几个板块。

🫧 游戏目的：阐述练习的核心目标，如增强自信心、培养专注力、缓解焦虑等。

🫧 游戏材料：如果需要材料，将列出进行练习时需要准备的物品，家中常见物品即可，这样方便操作。

🫧 游戏步骤：以清晰的步骤和引导语，指导家长带领孩子进行练习。

🫧 家长小贴士：提供实用的建议，帮助家长更好地引导孩子，注意练习中的细节。

🫧 延伸活动：介绍有趣的拓展活动，丰富练习内容，增强亲子互动体验。

使用说明

1. 选择合适的练习

根据孩子的兴趣和需求，选择适合的正念游戏。例如，如果孩子需要增强自信心，可以选择"内心星图"或"晨间自信练习"；如果孩子需要克服演讲恐惧，可以选择"小小演讲家"的练习。

2. 环境和材料准备

按照"游戏材料"的提示，准备好必要的物品。为孩子创造一个安静、舒适、不被打扰的环境，如卧室或书房，确保孩子能够专注于练习。

3. 引导练习

家长可以按照"游戏步骤"中的"正念引导"（家长引导语），用温柔的语气引导孩子进入冥想状态。[①] 每个练习都配有作者录制的完整的冥想引导音频，家长可扫描二维码给孩子练习。

4. 分享和交流

练习结束后，鼓励孩子分享感受和想法。参考"分享感受"部分，与孩子进行深入的交流，增进亲子关系。

---

① 由于篇幅有限，有些引导语进行了简化和浓缩，家长可以根据情境适当扩展。——作者注

5. 记录体验

家长可以和孩子一起将每次练习的感受、心得记录下来，作为成长的见证。

6. 持续练习

正念练习的效果在于持续和积累。建议家长和孩子定期进行这些练习，每天只需 5 ~ 10 分钟，每次都会有新的收获。

7. 灵活运用

家长可以根据孩子的反应和需要，灵活调整练习的时间和内容，确保孩子有兴趣并且感到舒适。

8. 共同成长

家长也可以参与正念练习，与孩子一起体验和成长，提升自己的内在力量，增进亲子关系。

9. 练习频率

每次的练习都不是一次性的，可以反复进行。孩子会在每次练习中丰富细节，得到不同的感受和收获。他们也会进行自我修正，朝着自己的目标前行，让内省智慧发挥作用。

选择正念教养，是我作为母亲最明智的决定之一。它不仅帮助了我的孩子，让我在育儿的道路上找到了内心的安宁和满足，还让我能够帮助更多的孩子和家庭找到和谐之道。

亲爱的父母们，如果你也在为家庭教育而感到困惑或疲惫，不妨尝试一下正念教养。或许你会发现，育儿可以像呼吸一样自然，充满喜悦和幸福。

让我们一起开启正念之旅，陪伴孩子健康、快乐、自信地成长。相信在你的悉心引导下，孩子会逐步发展出内在的平静和力量，有能力迎接未来的各种挑战！

第一章

正念助力孩子学习与成长

"我真的不知道该怎么办了！"电话那头，闺蜜无奈地叹息，"这孩子明明不笨，可学习成绩却总是倒数。"

闺蜜口中的孩子是她女儿"小橘子"（化名），一个五年级的小女孩，活泼可爱，言语间透着机灵。然而，她的成绩在班里总是垫底，这让她的妈妈忧心忡忡，多次向我求助。

为了帮助她们，我提议一起去郊游，希望借此机会更深入地了解小橘子的真实状况。

周末的早晨，我们如约出发。闺蜜先下楼，不久后，小橘子背着一个小背包，兴致勃勃地蹦跳着来到我们面前。

"你的水壶和帽子呢？"闺蜜问道。

小橘子愣了一下，拍了拍额头："哎呀，我忘了！"她吐了吐舌头，显得有些不好意思。

闺蜜无奈地摇摇头："出门前不是提醒过你吗？"说完，她只好重新上楼去拿水壶和帽子。

在车上，小橘子似乎有说不完的话，但我注意到，她常常会突然停下，冒出一句："我刚才说到哪儿了？"

这让我心里一紧，这孩子的短期记忆能力可能确实存在问题。

到达郊外后，空气清新，草木葱茏。小橘子一下车就被周围的景色吸引，径直跑向一片野花丛中。

"妈妈，你看，这里的花好漂亮！"她兴奋地喊道。

"别跑太远，小心有蛇！"闺蜜在后面提醒。

但她仿佛没听见，继续追逐着一只蝴蝶。我们找到一处草地坐下，准备开始野餐。我对小橘子说："来，帮阿姨一起铺垫子，好吗？"

她走过来，刚拿起垫子的一角，突然看到一只甲虫从草丛中爬过。

"哇，好漂亮的甲虫！"她丢下垫子，蹲下身子去观察。

闺蜜皱眉道："先把垫子铺好，再去玩。"

她这才回过神来，重新帮忙。然而，不到一分钟，她的注意力又被远处的鸟鸣吸引，目光飘向别处。

吃午餐时，我问她："小橘子，你喜欢看书吗？"

她点点头："喜欢啊，我喜欢看童话故事。"

"那你最近在看什么书呢？"

她想了想："嗯，我在看《爱丽丝梦游仙境》，但是还没看完。"

"这本书，她已经看了一个月了。"闺蜜有些尴尬地补充道。

"我的事情太多了，要画画、弹钢琴，就会忘记看书。"小橘子不好意思地解释道。

闺蜜叹了口气，说："她总是这样，做事三分钟热度。"

通过一天的观察，我大致了解了小橘子存在的问题。第二天，我告诉闺蜜，与同龄孩子相比，小橘子的学习能力可能存在不足。

学习是一个持续的过程，需要多种能力的协同作用。其中，记忆力、注意力、领悟力和时间管理能力是学习能力的四大支柱。在小橘子的案例中，她至少在记忆力、注意力和时间管理能力三个方面表现出不足。

记忆力是指储存、保持和提取信息的能力。它是学习的基础，没有良好的记忆力，我们无法巩固所学知识。

注意力是指专注于某一事物或任务的能力。高效学习离不开集中的注意力。

领悟力是指理解、分析和应用信息的能力。它体现了个体对知识的深度掌握能力。

时间管理能力是指有效规划和利用时间的能力。良好的时间管理能力有助于个体提高学习效率，避免浪费时间。

如表 1-1 所示，记忆力、注意力、领悟力和时间管理能力是相互关联、相辅相成的。如果其中任何一种能力出现欠缺，就会出现所谓的"短板效应"，从而影响学习效果。如果两到三个维度都出现严重问题，学业成绩就很难达到预期了。

听完我的解释，闺蜜焦急地问道："那我该怎么办？"

"别着急，小学生的可塑性很强。既然我们已经发现了小橘子的问题所在，不如尝试一些方法，帮助她提升这些能力。"我向闺蜜提议道："我有一些有趣的正念游戏，可以帮助孩子在游戏中培养学习能力，不如我们一起试试看？"

表 1-1 学习能力四个维度上的不足

能力/现象	记忆力不足	注意力不足	领悟力不足	时间管理能力不足
记忆力不足	容易遗忘所学内容，无法巩固知识，复述困难	学习效率低下，记忆力差且难以集中注意力，写作业拖延，考试表现不佳	理解困难，记不住概念，知识断层	无法按时复习，记忆不牢固，学习计划混乱
注意力不足	学习效率低下，记忆不牢固，复习效果差	上课分心，做事拖延，阅读时走神	理解力不足，难以理解复杂概念，缺乏解题思路	无法完成任务，做事拖延，学习压力大
领悟力不足	理解能力差导致记忆困难，学习兴趣下降	理解困难，注意力无法集中，学习效果差	理解困难，无法应用所学知识，缺乏解题思路	学习规划能力不足，理解力不足导致时间分配不合理，学习进度落后
时间管理能力不足	无法按时复习，记忆不牢固，学习拖延	无法完成任务，注意力分散，任务堆积	学习效果差，没有足够时间深入理解，学习压力大	写作业拖延，缺乏计划性，学习时间安排混乱

培养专注力

游戏1 正念罐子

"正念罐子"是一项兼具趣味性与教育性的亲子游戏，能有效提升儿童的专注力与情绪调节能力。本游戏通过视觉化演示，帮助儿童直观地理解专注力的运作机制。

游戏目的

1. 培养专注力：借助视觉刺激，建立儿童对专注力的具象认知。

2. 自我调节训练：通过呼吸调控练习，提升儿童的注意力管理能力。

3. 促进亲子关系：在协作过程中强化情感联结，共享专注体验。

游戏材料

1. 一个透明的密封容器（罐子或瓶子）。

2. 清水（占容器容积的 3/4）。

3. 一些闪亮的小物品（建议选择彩色亮片、迷你星形饰品或天然小石子）。

游戏步骤

1. 制作正念罐子

亲子协作将闪亮的小物品放入盛水容器，确保密封性。此过程可增强孩子的参与积极性与动手能力。

2. 演示注意力的分散

轻柔摇晃容器使装饰物悬浮，引导孩子观察："这些飞舞的亮片就像我们分散的注意力，当我们心里有很多杂乱的想法，或者被很多事情干扰时，思维就会变得混乱。"

3. 引导专注过程

静置容器后共同观察沉淀过程，适时引导："注意看，水逐渐变清澈的过程，就像我们静下心专注后，思绪会变得清晰有序。"

4. 练习专注观察

鼓励孩子全程保持静默观察，记录闪亮的小物品完全沉淀所需时长，逐步延长专注持续时间。

家长小贴士

1. 目标设定：采用计时器量化专注时长，设立阶段性进步目标。

2. 学习迁移：将游戏作为学习前的注意力预热环节。

3. 情感反馈：结束后引导孩子描述体验与情绪的变化。

延伸活动

1. 油水分层杯：在透明容器中倒入水和植物油，摇晃容器后将其静置于桌上，让孩子观察水油混合液体如何分层。

2. 旋转纸风车：制作纸风车，在纸风车上画上不同的彩色斑点或线条，让孩子观察风车旋转时的色彩和花纹变化。

3. 色彩扩散实验：在盛有水的浅盘中滴入不同颜色的颜料，观察颜色如何缓慢扩散，增强孩子的专注力和观察力。

游戏 2　头顶杯子平衡术

儿童天性活泼好动，长时间静坐可能具有一定挑战性。为帮助儿童顺利进入冥想状态，推荐采用"头顶杯子平衡术"这一兼具趣味性与实效性的游戏。

游戏目的

1. 专注力提升：通过维持身体平衡以稳定头顶的物品，自然引导儿童集中注意力。

2. 正念意识培养：借助呼吸与躯体感知训练，增强当下觉察能力。

3. 体态矫正：促进脊柱直立，养成良好的坐姿，强化核心肌群控制力。

游戏材料

一个塑料杯、一本轻薄的书或亲子共同制作的纸盒。

扫码收听

游戏步骤

1. 准备姿势

家长可以让孩子舒适地坐在椅子或垫子上，双手自然置于膝部，放松肩膀，保持背部自然挺直。

2. 保持平衡

将选定的物品轻放于头顶中央，引导孩子保持头部和身体的平稳，同时确保腰背挺直，以便物品不会掉下来。

3. 闭眼放松

请孩子微微闭上双眼，在保持物品平衡的前提下放松全身肌肉。

4. 正念引导

用柔和的语气引导孩子进行深呼吸，你可以这样说："慢慢地吸气，感觉空气进入你的鼻子，经过喉咙，充满你的肺部。然后缓缓地用嘴呼气，感觉身体越来越放松。注意头顶的杯子，感受它的重量与位置。专注于呼吸与头顶的感觉，如果有其他想法出现，就让它像云朵一样飘走吧！"

家长小贴士

1. 阶梯式训练：初始阶段 1 ~ 2 分钟，逐步延长至 5 ~ 10 分钟。

2. 趣味性强化：鼓励孩子自主选择或制作平衡物。

3. 正向强化：练习后引导孩子分享感受，及时给予具体的肯定。

延伸活动

1. 家庭共同练习：组织亲子平衡挑战，这些活动不仅能增强互动的趣味性，还能增强家庭凝聚力。

2. 意象化引导：在冥想过程中，引导孩子想象自己是一座稳固的山，头顶的杯子是山顶的松树。

游戏 3　靶心专注训练

为提升儿童的专注力水平，推荐采用"靶心专注训练"这一融合绘画与冥想元素的综合练习。该练习通过视觉聚焦与精细动作的结合，在培养专注力、塑造平和心态的同时，有效提升手眼协调能力。

游戏目的

1. 专注力强化：结合冥想状态与精细动作，建立深度注意力。

2. 正念培养：增强对当下感知的觉察能力。

3. 神经肌肉协调：促进视觉—动作系统的整合发展，提升手眼协调能力。

游戏材料

一张白纸、书写工具（铅笔、彩笔或签字笔均可）、圆规或圆形物品（如碗、杯子，用于画圆）。

扫码收听

游戏步骤

1. 绘制靶心

（1）以纸面中心为圆心绘制 3 ~ 5 个大小不等的同心圆。

（2）指导儿童为各环形区域着色（见附录1）。

（3）最内层圆标记为靶心区。

2. 准备冥想

（1）保持标准坐姿，后背挺直，双脚平稳触地。

（2）将靶心图置于视平面正前方。

（3）采用三点握笔法，保持手部肌肉适度紧张。

3. 正念引导

请孩子轻轻闭上双眼，深呼吸，放松全身。家长可以用柔和的声音进行正念引导。

现在，深深地吸一口气，感觉空气慢慢地进入你的鼻腔，经过喉咙，充满你的肺部。然后，缓缓地呼气，感觉身体越来越放松。让你的肩膀、手臂和双手都放松。（引导放松）

在你的脑海中，想象你面前有一个明亮而清晰的靶心。它的中心闪耀着温暖的光芒，吸引着你的注意力。周围的一切都变得安静，你的心中只有这个靶心。（想象靶心）

感觉你的呼吸，一呼一吸之间，你的心跳变得平

稳。将所有的杂念都抛诸脑后，专注于靶心的光芒。让自己与靶心融为一体，感受内心的平静和力量。（集中注意）

接下来开始专注练习。

现在，慢慢地睁开双眼，保持平静。将目光投向纸上的靶心，感觉它和你脑海中的靶心重合。（睁眼瞄准）

轻轻地握住笔，将笔尖悬停在靶心上方约1厘米处。手腕放松，但要稳固。你的目光专注在靶心的中心点上。（提笔准备）

慢慢地，将笔尖从纸面上方抬高到约一掌高的高度。在这个过程中保持手部的稳定，双眼始终注视着靶心。（提升高度）

再次深呼吸，感受手与心的连接。想象你的手和靶心之间有一条无形的线，连接着你的专注和目标。（深度专注）

当你感觉准备好了，慢慢地将笔尖垂直下落，轻轻地触碰纸面，目标是正中靶心的中心。注意控制你

的手，让动作平稳而精准。（落笔击靶）

4. 训练反馈

看看你的笔尖落在了哪里？是否击中了靶心？无论结果如何，你都应为你的专注和努力感到自豪。（结果分析）

接着把笔放下，闭上双眼，再次深呼吸。回想刚才的过程，你的心情如何？手部是否感到稳定？内心是否感到平静？将这些感受记在心里。（分享感受）

家长小贴士

1. 环境优化：在安静、舒适的环境中进行练习，可以播放轻柔的背景音乐，帮助孩子更好地进入冥想状态。

2. 亲子协同：家长可以和孩子一起参与练习，示范正确的姿势和专注的状态，增加亲子互动的乐趣。

3. 正向强化：练习结束后，家长鼓励孩子分享感受和想法，给予孩子积极的反馈，增强其自信心。

4. 重复练习：鼓励孩子多次进行练习，每次都专注于过程，而非结果。随着练习的进阶，孩子会发现自己的进步。

5. 情绪管理：学习如何在面对挑战时保持平静，增强情绪管理能力。

延伸活动

1. 创意发挥：让孩子自己设计靶心的图案，增加其参与感和创造力。

2. 目标设定：和孩子一起设定小目标，例如击中靶心的次数，逐步挑战自己，体验进步的喜悦。

3. 结合故事：在正念引导中，可以加入孩子喜欢的故事元素。

4. 增强挑战：在练习熟练后，进行闭目挑战，增加游戏难度、提升空间表象能力；或者增加声音干扰元素，以锻炼孩子的抗干扰能力。

为什么这些游戏有效

正念冥想是训练注意力的重要方法，它帮助孩子学会平静，专注于当下。这些游戏为孩子提供了一些具体的、可感知的焦点，使他们的注意力更容易集中，不容易分散。只有孩子静下心来，才能更专注、更有效地思考和学习。

通过这些游戏化的练习，孩子们可以学会如何在纷扰的环境中找到内心的平静，专注于目标，培养持之以恒的品质。让我们和孩子一起，在这些游戏中感受专注的力量，为孩子的学习和生活带来积极的影响！

> ## 激发记忆力

游戏 4 记忆电影院

这一富有创意且科学有效的正念游戏，旨在帮助儿童探索记忆机制，提升记忆能力。通过构建"记忆电影院"的意象化场景，引导儿童系统性地进行记忆提取与整合训练。

儿童对影视媒介具有天然的亲和力。电影以生动的画面和丰富的情节为我们展现了一个精彩的世界。我们的大脑就像一部神奇的电影摄像机，眼睛好比镜头，耳朵如同录音设备，能够将一天发生的事情录制下来，并在需要时重新播放。这一游戏正是基于记忆的"情景再现"理论设计的。

游戏目的

1. 记忆强化：通过情景回溯增强情景记忆能力，促进工作记忆向长时记忆转化。

2. 正念培养：提升对当下体验的觉察力与细节捕捉能力。

3. 情绪调节：积极记忆的提取可激活前额叶皮层，产生情绪调节作用。

扫码收听

游戏步骤

1. 准备阶段

选择安静无干扰的环境，让孩子坐着或躺着。引导孩子闭上双眼，轻轻地把手放在小腹上，进行三次腹式呼吸，帮助孩子进入平静的状态。

吸气时感受腹部隆起，呼气时体会身体下沉。（引导深呼吸）

2. 正念引导

家长可以使用以下引导语，帮助孩子进入"记忆电影院"的冥想。

现在，想象一下，你走进了一家电影院。这里很安静，空无一人。你可以选择一个你最喜欢的座位坐下。

你现在的心情很平静，眼前的巨幕即将放映一部特别的电影——你的记忆电影。

电影开始了，你看到了自己今天从清晨醒来后的所有经历。在这部精彩的电影中，你是主角。

你可以像导演一样，自由地剪辑这一天的经历——略过或加速不重要的部分，重点关注那些让你印象深刻的时刻。记忆电影具有神奇的效果，有些经历可能只发生在一瞬间，而有些重要的细节会被放慢，让你仔细品味。

回想一下，你今天早上吃了什么早餐？当你走进学校时，遇到了谁？第一节课是什么？老师是如何讲课的？你和同学之间发生了什么有趣的事情？午餐和晚餐吃了什么？从起床到现在，仔细回顾你一天中的每一个细节。

你可能会发现一些自己平时没有注意到的细节，这些细节会让你感到惊讶和开心。也许是同学的一个微笑，或者是老师讲的一个有趣的故事。

如果你感觉有些困难，不要急，慢慢来，从你能记起的一个片段开始，然后向前或向后延伸。记忆电影会帮助你找到更多的画面。

现在，我会给你三分钟的时间，安静地观赏你的"今日电影"，尽情地享受这个回忆的过程。

在此期间，家长保持安静，等待三分钟，让孩子沉浸在回忆中。

3. 结束冥想

影片即将落幕，做三次深呼吸调整，感受意识回归当下，缓慢睁开双眼。（渐进式唤醒引导）

家长小贴士

1. 记忆巩固：练习后采用"三问反馈法"（事件、感受及细节）强化记忆痕迹。

2.线索提示：当儿童出现记忆提取困难时，提供时空线索（如早餐时餐桌的布置）。

3.训练周期：建议每周练习三次形成记忆巩固周期。

延伸活动

1.学业应用：家长可以引导孩子回忆当日上课的场景，将课程内容转化为"教学影片"进行心理回放，进行快进慢放、定位重点等操作，这样做可以有效提高孩子的复习效率和学业水平。

2.制作记忆日记：家长可以鼓励孩子将回忆以日记的形式记录下来，增强孩子记忆的同时，也培养孩子的写作能力。

3.创意发挥：家长可以让孩子绘制自己的"记忆电影"海报，增加练习的趣味性。

游戏 5　时光穿梭机

"记忆电影院"的进阶游戏——"时光穿梭机"即将开启。哆啦 A 梦的时光穿梭机让大雄穿越时空，体验无数奇幻冒险。事实上，每个孩子的大脑都拥有这样一台"时光穿梭机"，在想象力与记忆力的驱动下，它能带领我们回溯过去或探索未来。

现在，让我们与孩子一同搭乘这台"时光穿梭机"，通过正念冥想的方式，帮助他们发掘记忆深处的珍贵片段，提升记忆能力，并促进自我认知的发展。

游戏目的

1. 增强记忆力：通过系统性地回溯过往经历，锻炼大脑的记忆提取与存储能力。

2. 情绪调节：重温美好回忆可激发积极情绪，同时帮助孩子健康地面对与释放负面情绪。

3. 自我觉察：在回忆过程中，孩子能更清晰地认识自己的成长轨迹与性格特点。

4.亲子互动：通过共同回忆与分享，增进亲子间的理解与情感联结。

扫码收听

游戏步骤

1. 准备阶段

（1）环境布置：选择安静、舒适且无干扰的空间，孩子可采取坐姿或仰卧姿势。

（2）身心放松：引导孩子缓慢闭上双眼，进行3～5次深呼吸，逐步放松全身肌肉。

2. 正念引导

家长可用以下引导语协助孩子进入冥想状态，过程中可适当互动，引导孩子进行更深入的回忆，但应避免过度干预孩子的自主回忆。

现在，轻轻闭上双眼，深吸一口气……再缓缓呼出。感受身体逐渐放松，仿佛飘浮在柔软的云朵上（引导深呼吸3～5次）。

慢慢地，你的面前出现了一台神奇的时光穿梭机，它闪耀着温暖、柔和的光芒。它正等待着你踏入其中，开启一段奇妙的旅程。

你走进机舱，按下"启动"按钮。伴随着轻微的嗡嗡声，时光机开始运转……

时间节点引导（根据孩子年龄调整回溯跨度）示例如下。

首先，我们回到昨天。想一想发生了哪些让你印象深刻的事情？

现在，时光机带我们来到上周。你记得哪些特别的时刻？

继续向前，来到上个月。那时的你经历了哪些快乐或难忘的事情？

接下来，穿梭至去年／幼儿园时期……你看到了怎样的自己？

感官回溯示例如下。

当你停留在某个重要时刻，试着用心去感受，你看到了什么？你听到了什么？你闻到了什么？有什么味道？有哪些触感？有哪些情绪？让这些记忆像电影一样生动地呈现。

3. 结束冥想

时光机开始返航，你慢慢回到此刻。深呼吸一次，感受轻盈与温暖的身体。当你准备好时，可以轻轻睁开双眼，结束这段旅程。

4. 分享感受

（1）鼓励孩子描述冥想中浮现的记忆片段，家长需专注倾听。

（2）通过提问（如"那时你是什么心情的"）帮助孩子梳理情绪体验。

（3）避免评判性语言，用"我注意到你记得很详细"等具体反馈强化积极体验。

家长小贴士

1. 引导技巧：家长要保持语调柔和，允许孩子自主控制回忆节奏；若孩子抗拒某些记忆，尊重其选择。

2. 情绪支持：若孩子出现较大的情绪波动，及时给予拥抱或安慰（如"我在这里陪着你"）。必要时咨询儿童心理专家。

延伸活动

1. 制作记忆手册：将回忆转化为绘画、手工或短篇故事，制作成专属"时光档案"。

2. 规律练习：每周进行 1 ~ 2 次正念冥想练习，持续强化记忆与自我觉察能力。

游戏 6　记忆宝藏寻踪

"记忆宝藏寻踪"是一项寓教于乐的正念游戏，旨在通过趣味互动提升儿童的记忆能力与专注品质。该游戏不仅能够促进认知发展，更能培养儿童对周围环境的觉察与欣赏能力。

游戏目的

1. 记忆强化：通过系统性的观察提升细节记忆能力。

2. 专注培养：建立环境与感官的深度联结，减少注意力分散。

3. 感知开发：整合视觉、听觉及触觉通道，构建多维感知网络。

游戏材料

家中常见物品。

扫码收听

游戏步骤

1. 准备阶段

（1）空间选择：选取物品陈设较丰富的熟悉空间，如客厅或儿童房。

（2）布局调整：确保房间整洁，适当改变物品位置以增加探索的趣味性。

2. 正念引导

（1）身心准备

- 站立于房间中央。

- 闭目完成三次腹式呼吸。

- 感受呼吸时腹部的起伏变化。

（2）多模态感知

- 视觉观察：引导孩子缓慢睁开双眼，仔细观察房间内的每一件物品；注意物品的颜色、形状、大小、位置；观察光线如何照射，阴影如何分布。

- 听觉感受：静心倾听周围的声音，例如时钟的滴答声、风吹的声音，甚至自己的呼吸声。

- 触觉体验：允许孩子轻轻触摸附近的物品，感受不同材质的质感，如柔软的、光滑的、粗糙的。

3. 记忆强化

（1）观察时间：家长应给予孩子 3 ~ 5 分钟的时间进行深入的正念观察。

（2）闭眼回忆：家长可以请孩子再次闭上双眼，回想刚才所看到和感受到的一切，并让其在脑海中重现房间的画面。

（3）提问互动：家长开始向孩子提问，测试其记忆力。例如，"电视柜上有哪些物品？""沙发上有几个靠垫，是什么颜色的？""窗台上有没有放置植物？"

（4）深入细节：家长应鼓励孩子尽可能详细地描述，例如，物品的位置关系、特征等。

（5）增加难度（可选）：第一步，物品变动，即在孩子闭上双眼回忆时，悄悄地改变房间内一些物品的位置，添加或移除某些物品；第二步，观察差异，即让孩子睁开双眼，再次观察房间，找出变化。这个练习将进一步锻炼孩子的观察力和记忆力。

4. 分享感受

家长可以鼓励孩子分享其在游戏中的感受和发现，询问孩子哪些环节让其感到有趣，以及哪些环节具有挑战性。家长还应给予孩子正向反馈，赞扬孩子的专注力和记忆力，激发其自信心。

 **家长小贴士**

1. 创造轻松的氛围，确保游戏过程轻松愉快，避免给孩子造成压力。

2. 逐步增加难度，根据孩子的年龄和能力，适当地调整游戏的复杂程度。

3. 鼓励主动观察，让孩子主导观察过程，培养自主性。

4. 可以将这个游戏作为家庭活动的一部分，定期进行，观察孩子的进步。

 **延伸活动**

1. 户外版本：在公园、花园等户外环境中进行上述活动。家长可以引导孩子观察大自然中的细节，如树叶的形状、花朵的颜色、鸟儿的叫声。

2.记忆绘画：让孩子根据记忆，画出房间的布局和物品位置。这个练习将进一步强化其记忆力和创造力。

3.多样化感官：增加嗅觉和味觉元素，例如，在房间内放置一朵香味独特的花，或准备一种水果让孩子在观察过程中品尝。

提升领悟力

游戏 7　心灵画布

儿童天然具备图像思维优势，"心灵画布"正念游戏基于此特性设计，通过意象构建与专注训练，有效提升儿童的创造力与感知能力。这项游戏不仅能激发儿童的艺术潜能，更能培养其深度专注与情感表达能力。

游戏目的

1. 激发想象力：引导孩子在脑海中自由创作，拓展思维空间。

2. 培养正念意识：通过专注于内心的画面，增强孩子的专注力和自我觉察能力。

3. 提升创造力：建立"观察—联想—创造"的思维

闭环。

4.增强表达能力：通过分享和描述想象的画面，提升语言表达能力。

扫码收听

游戏步骤

1. 准备阶段

（1）空间选择：选择安静、舒适的空间（坐姿和卧姿皆可）。

（2）身心放松：引导孩子轻轻闭上双眼，放松全身。

2. 正念引导

（1）深呼吸练习

把手放在小腹上，我们一起做三次魔法深呼吸：深深地吸气时想象彩色空气填满腹部，缓缓地呼气时想象吹走所有紧张。

（2）想象画板

现在，眼前出现了神奇画板！你握着会变色的画笔，拥有彩虹颜料盒，准备创造专属秘境吧！

（3）开始绘画

以画一幢房子举例说明。

先画一幢特别的房子，糖果屋还是树屋？圆顶还是尖顶？门窗有什么秘密机关？把它们画成你最喜欢的样子。（开放式引导）

现在，在房子旁画棵树，你画的是什么树？树叶是什么形状的？树干有多粗？树冠有多大？树上有没有花朵或果实？树洞里有小松鼠吗？树枝上有小鸟吗？听，树叶在沙沙唱歌呢！（添加元素）

你可以再画一片绿油油的草地和一个清澈的小池塘。看看你的画面上还有哪些元素？草地上有没有盛开的鲜花？也许还有一条可爱的小狗在奔跑，几只五彩斑斓的蝴蝶在花间飞舞。你的画里有没有出现一个美丽的花园？有没有小朋友在花园里快乐地玩耍？（丰富画面）

抬头看看天空，它是什么颜色的？有没有洁白的云朵飘过？温暖的太阳在哪里？你想让天空变成傍晚

的模样，有灿烂的晚霞吗？你希望天空变成夜晚的星空吗？（时空转换）

现在你是空间设计师！可以添加动物、彩虹滑梯，甚至让房子长出翅膀。你可以尽情地为你的画添加任何你喜欢的元素。让你的想象力起飞吧！（自由创作）

3. 回归现实

现在，给作品画上完美句号，深深地吸一口气，感受内心的平静和满足。当你准备好了，慢慢睁开双眼，回到当下。

4. 分享感受

（1）表达训练：鼓励孩子描述其在意念中创作的画。例如，"你创造了怎样的神奇世界？最骄傲的设计是什么？为什么给它这样的特别功能？"

（2）正向强化：赞扬孩子的创造力和想象力，并引导其思考。例如，"这个会发光的创意太棒了！想不想用彩笔把它留在纸上？"

家长小贴士

1.营造氛围：在练习过程中，保持环境的安静，可以播放轻柔的背景音乐，帮助孩子更好地放松和想象。

2.尊重个性：无论孩子想象的画面如何，都要给予肯定和鼓励，尊重其独特性和创造力。

3.引导而不干预：在孩子想象的过程中，尽量不要打断或过多引导，让其自由发挥。

延伸活动

1.实际绘画：让孩子将意念中的画面实际画出来。孩子可以使用各种绘画工具，如彩色铅笔、水彩、蜡笔等，让孩子体验不同的艺术表达方式。

2.故事创作：鼓励孩子根据自己的画面，编一个小故事。这样做可以培养其叙事能力和创造性思维。

3.亲子合作：家长和孩子一起进行意念绘画，然后互相分享各自的画面，或者在同一场景内添加不同的想象元素。

游戏 8　音乐涂鸦

"音乐涂鸦"是一项融合音乐与绘画的创意正念游戏，让孩子在优美的旋律中自由创作，体验艺术表达的乐趣，培养对美的感知能力。

游戏目的

1.激发创造力：通过音乐的引导，鼓励孩子自由表达，创造独特的艺术作品。

2.培养正念意识：引导孩子专注于当下，提升其专注力和自我觉察能力。

3.丰富感官体验：综合运用听觉和触觉，增强孩子对音乐和绘画的感知。

游戏材料

1. 大尺寸画纸（建议 A3 或更大）。

2. 绘画工具（彩色铅笔、蜡笔、水彩笔等）。

3. 舒缓的音乐（轻音乐、古典乐或自然音效）。

4. 音乐播放设备。

扫码收听

游戏步骤

1. 准备阶段

（1）选择安静、舒适且光线柔和的创作空间，避免外界干扰。

（2）将画具整齐摆放，确保取用方便。

2. 正念引导

家长引导语如下。

让我们开始音乐涂鸦之旅吧！先找个舒服的姿势坐好，双脚平稳触地。轻轻闭上双眼，感受身体的重量。慢慢吸气，感觉空气流入鼻腔，缓缓呼气，释放全身紧张。重复三次深呼吸。轻轻活动肩膀，让身体完全放松下来。

3. 音乐涂鸦

现在，睁开双眼，请拿起一支画笔，轻轻地握在手中。闭上双眼，或者微微睁开双眼。我将为你播放一首轻柔的音乐。接下来，请专注地聆听音乐和引导语，保持身体舒适，坐姿端正。（引导涂鸦）

当你准备好了，开始在纸上自由地涂鸦吧！将注意力集中在音乐和笔在纸上移动的感觉上。跟着音乐的节奏和旋律，自由地运笔。不需要思考画什么，也不用在意画得如何。让你的手随着音乐自由地在纸上移动就行。（播放音乐，开始涂鸦）

家长保持安静，营造专注氛围。

4. 结束创作

慢慢停下画笔，放回原处。再做一次深呼吸……现在可以睁开双眼，欣赏你的作品了。（结束音乐）

5. 分享感受

（1）表达感受：鼓励孩子分享在音乐涂鸦过程中的感受，询问在创作时是否有特别的想法或情绪。

（2）积极反馈：给予真诚的欣赏和鼓励，引导其思考音乐和画作之间的联系。

家长小贴士

1.音乐选择：根据孩子的年龄和喜好挑选曲目。

2.创作自由：不评判作品，尊重孩子的表达。

3.环境营造：确保空间安全、舒适。

4.持续练习：定期进行练习，培养孩子对艺术的兴趣。

延伸活动

1.多样化音乐：尝试不同风格的音乐，如古典乐、民谣、自然音效等，观察孩子在不同音乐下的创作变化。

2.故事创作：引导孩子将绘画编成小故事。

3.展示作品：将孩子的涂鸦作品展示在家中的墙上或制作成小画册，增加他们的自豪感和成就感。

4.亲子共创：家长可以与孩子一起进行音乐涂鸦，分享彼此的作品和感受，增进亲子关系。

游戏 9　曼陀罗创作

曼陀罗（Mandala）是一种具有丰富象征意义的艺术形式，它以圆形为基础，通过重复的图案构成和谐的画面。让孩子在冥想状态下创作曼陀罗，这样不仅能培养专注力与创造力，更能帮助他们探索内心世界，获得平静与自我认知。

游戏目的

1.提升专注力：通过细致的绘画过程锻炼持久的注意力。

2. 激发创造力：用自由的绘画过程鼓励孩子发挥想象力，创造独特的艺术作品。

3. 促进自我觉察：在冥想过程中，孩子可以更好地了解自己的内心世界，识别和表达内心感受。

4. 减轻压力与焦虑：曼陀罗创作具有放松身心的作用，有助于缓解压力和焦虑。

游戏材料

白纸（建议使用较厚的纸张，如素描纸）、绘画工具（彩色铅笔、蜡笔、水彩笔、油画棒等）。曼陀罗图形的绘画样式请参考附录 2。

扫码收听

游戏步骤

1. 准备阶段

选择一个安静、舒适、不受干扰的空间，孩子可以坐在桌前，保持放松。

2. 引导放松

让我们变身小小艺术家，找到最舒服的姿势坐好。双脚平稳触地，感受大地的支撑。轻轻闭上双眼，做三次魔法呼吸：吸气时想象吸入金色的阳光能量，呼气时呼出所有的小烦恼。

3. 开始创作

睁开双眼，选择你最喜爱的颜色的笔。先在纸上画一个大圆，这是你的神奇画布。闭上双眼听一听你心里的声音，它可能是你的小秘密，也可能是你今天的心情。现在，睁开双眼，让画笔自由舞蹈吧！可以画波浪线、小星星、花瓣纹或任何你喜欢的图案。要记住，图案要留在圆圈内！

不用担心画得好不好，也不用在意别人怎么评价你的画作。这是属于你的魔法创作，每一笔都是独一无二的，都充满了你的想象力和创造力！（给孩子3～5分钟创作）

4. 深入引导

把完成的曼陀罗放在面前，舒服地坐好。轻轻闭

上双眼，放松你的肩膀，感觉空气轻轻地进出你的鼻腔。（等待 10 秒）

现在，慢慢睁开双眼，看看你面前的曼陀罗。试着从不同的角度观察它，看看它想告诉你什么有趣的秘密。

首先，看看曼陀罗里的颜色。你用了哪些漂亮的颜色呢？这些颜色让你想到了什么？它们是不是代表了你的心情呢？是快乐的黄色、平静的绿色、伤心的蓝色，还是热情的红色？

接着，观察图形和形状。你画了哪些有趣的形状和线条？它们像不像某种小动物、花朵，或者你喜欢的东西呢？

现在，轻轻闭上双眼，想一想这些颜色和形状想告诉你什么。它们和你的心情有什么关系呢？也许你的曼陀罗里藏着一个小故事或你的一个小愿望。

通过这样的冥想，你可以和自己心里的小秘密聊聊天，看看曼陀罗想告诉你什么有趣的事情！（等待 10 秒）

再深深地吸一口气，慢慢地呼出来。

当你准备好了，轻轻睁开双眼。

5. 总结记录

你可以根据刚刚冥想所获得的意义和体验，给这幅曼陀罗作品命名，或者以简单的几句话写在曼陀罗的背面，完成曼陀罗创作的整个步骤。

家长小贴士

1. 营造氛围：确保环境安静、舒适，家长可以播放轻柔的背景音乐，帮助孩子放松。

2. 尊重孩子的创作：不要对孩子的作品进行评判或干涉其创作，允许孩子自由地表达并尊重其想法。如果孩子在创作或冥想过程中遇到困难，家长要给予适当的引导，但不要强迫。

3. 鼓励分享：在孩子愿意的情况下，家长鼓励其分享自己的作品和感受，进而加强亲子交流。

延伸活动

1. 作品收藏：将孩子的曼陀罗作品收集起来，制作成作品集，作为成长的纪念。

2. 曼陀罗涂色：鼓励孩子使用预先印好的曼陀罗图案涂色纸（可以在网上下载、打印或购买涂色书）。

3. 美味曼陀罗：引导孩子利用各种颜色的水果（如草莓、蓝莓、猕猴桃、橙子等）和切好的蔬菜（如黄瓜片、胡萝卜片等），在圆盘里摆出美丽的曼陀罗图案。

时间管理与高效学习

游戏 10　正念钟表

　　时间管理是孩子成长过程中需要培养的重要能力之一。这个有趣的"正念钟表"游戏，能帮助孩子建立时间观念，在观察中学会珍惜当下，提升自我管理能力。

游戏目的

　　1. 建立时间观念：通过直观观察感受时间的流动。

　　2. 培养专注力：在冥想中锻炼持续注意的能力。

　　3. 提升自我管理：学会合理规划时间。

　　4. 增强正念意识：专注于当下体验。

游戏材料

一个带秒针的钟表，可以是挂钟、座钟或手表。

扫码收听

游戏步骤

1. 准备阶段

（1）选择安静、舒适的空间。

（2）将钟表放在与视线平齐的位置。

（3）确认指针运行正常。

2. 放松引导

让我们开始一段特别的时间之旅。请舒服地坐好，双脚平稳触地，双手轻放膝盖上，放松肩膀。慢慢闭上双眼，做三次深呼吸：吸气，感受空气进入鼻腔，呼气，感觉身体渐渐放松。（重复三次）

3. 面对钟表冥想

现在，慢慢睁开双眼，观察面前的钟表。注意时针、分针和秒针的位置。仔细观察秒针的移动。看着它一格一格地前进，每前进一格，代表一秒过去了。

试着让呼吸和秒针的节奏同步。秒针走五格，你轻轻地吸气五秒；再缓慢地呼气五秒。

将注意力集中在秒针的移动上。每当有其他想法出现时，就让它们像云朵一样飘过，然后把注意力带回到秒针上。

继续跟着秒针的节奏呼吸，感受时间的流逝。想一想，每一秒都非常珍贵。你可以用这些时间做很多有意义的事情。

4. 时间观念引导

想一想今天你已经度过了哪些时光？你是如何利用这些时间的？有没有什么事情是你希望在接下来的时间里完成的？在心中为自己设定一个小目标，例如，在接下来的十分钟内专心完成一项任务，或者用半小时阅读一本你喜欢的书。

5. 计时冥想

接下来，我们进行三分钟的计时冥想。你可以继续观察秒针的移动，跟着它的节奏呼吸，也可以闭上双眼，专注于呼吸。让自己完全放松，感受时间的流动。

家长可以设置计时器，三分钟后轻声提醒孩子。

6. 回归现实

慢慢地，将注意力从钟表上移开，关注自己的呼吸；或者睁开双眼，再次深深地吸一口气，然后缓慢地呼出。感觉身体变得更加轻松和平静。

7. 分享感受

在冥想过程中，你有什么感受？有没有新的发现？可以和我分享一下吗？

家长小贴士

1. 家长可以陪同孩子一起进行正念钟表比赛，分享彼此的感受，增进亲子关系。

2. 如果孩子在冥想过程中分心，不要责备孩子，家长可以轻声引导孩子将注意力集中到钟表上。

3. 练习结束后，鼓励孩子表达自己的感受，家长应给予积极的反馈。

4.正念冥想需要持续练习，建议定期进行，逐步提升效果。

延伸活动

1.家长可以和孩子一起制定时间计划表，安排想要做的事情，给每件事分配适当的时间。

2.鼓励孩子记录自己每天的时间安排和感受，培养时间管理和反思的习惯。

游戏 11　捕捉当下

"捕捉当下"游戏旨在通过趣味化的正念练习，帮助儿童建立时间感知能力与当下觉察意识。通过具象化记录方式，培养儿童关注现实体验，提升心理韧性与幸福感知力。

游戏目的

1. 感受当下的美好：引导孩子专注于当前的感觉和体验，发现生活中的细微之美。

2. 培养正念意识：通过冥想练习，提升非评判性观察能力。

3. 提升专注力：帮助孩子学会集中注意力，减少分心和焦虑。

4. 塑造积极心态：通过正向体验培养积极心态，积累心理资本。

游戏材料

1. 彩笔和纸张，用于绘画和记录。

2. 手工制作记录卡，孩子可以在上面写或画当下的感受和体验。

3. 一个玻璃瓶或透明盒子，或者孩子喜欢的容器，用于收集记录卡，可以将收集记录卡的容器称作"当下宝藏瓶"。

扫码收听

游戏步骤

1. 制作"当下宝藏瓶"

（1）创意容器制作：使用贴纸、丝带等材料个性化装饰存储容器。让孩子写上"当下宝藏瓶"或其他喜欢的名字。

（2）"当下卡片"制作：裁剪统一规格、大小适中、边缘圆滑的卡片，方便孩子书写或绘画。保证数量充足，供孩子多次使用。

2. 引入"捕捉当下"的概念

与孩子讨论当下的意义，告诉孩子，"当下"就是此时此刻，即我们正在经历的时刻，它是最真实、最宝贵的时刻。解释我们可以像捕捉"小精灵"一样，去发现和记录当下的美好和感受。

3. 正念引导

家长引导语如下。

现在，我们一起做一个有趣的"捕捉当下"练习。请你舒适地坐下，双脚平稳触地，或者盘腿坐在垫子上。轻轻闭上双眼，放松全身。深深地吸一口气，感觉空气慢慢进入你的鼻腔，充满你的肺部；然后缓缓地呼出，感受身体的放松。再来一次，吸气……呼气……最后一次，吸气……呼气……（基础准备）

现在，将注意力放在你的身体上。感觉足底与地面的接触，后背挺直，肩膀放松，双手放在膝盖上，或者轻轻地搭在一起。（躯体觉知）

听一听周围的声音。也许有风吹树叶的沙沙声，鸟儿的鸣叫声，还有其他声音吗？或者感受房间里的安静。不要评判这些声音，只是听着，接受它们的存在。（环境感知）

注意你此刻的感觉。你的心情是快乐的、平静的，还是有些紧张？你的身体有什么感觉？也许你能感觉到心跳的节奏，或者呼吸的节律。如果有任何想法或情绪出现，不要紧张，也不要评判。想象它们像天空中的云朵，慢慢地飘过。将注意力集中到此刻的感觉上。（情绪监测）

现在，想象你手中有一个神奇的相机，叫作"当下捕捉器"。它可以捕捉你此刻的感受和体验。那么此时此刻，你最想捕捉什么呢？是气息进出鼻腔的感觉，还是内心的宁静，或者是某种特别的情绪？当你想好之后，用这个神奇的相机按下快门，马上就把这个当下感觉定格了下来。(意象化训练)

请记住你捕捉到的"当下"。深深吸一口气，然后缓缓地呼出。学会这个正念方法，你可以随时随地专注当下，享受当下。当你准备好了，轻轻睁开双眼。(结束冥想)

4. 记录"当下"

现在，拿起一张"当下卡片"，在上面写下你刚才捕捉到的当下瞬间。你可以写一句话，画一幅画，或者用颜色和图案来表达你的感受。别忘了写上日期和时间，这样以后回看时，就能记起这个美好的瞬间。(记录"当下卡片")

把你写好的"当下卡片"放入"当下宝藏瓶"。每次你捕捉到一个美好的当下时刻，就把它存进瓶子里，慢慢地，你的宝藏瓶就会被装满了。(存放卡片)

家长小贴士

1. 亲子共建机制：全家一起参与"捕捉当下"的游戏，一起记录美好的瞬间，填满"当下宝藏瓶"。

2. 时光回溯仪式：每隔一段时间，家长和孩子一起打开"当下宝藏瓶"，看看捕捉了哪些美好的瞬间。回忆这些时刻会让全家人感到幸福和满足。

3. 持续强化策略：正念练习需要长期的坚持，家长应鼓励孩子将"捕捉当下"融入日常生活中。

延伸活动

1. 随时随地捕捉当下：家长鼓励孩子在一天中的任何时候，当感觉到某个特别的瞬间时，都可以拿出"当下卡片"，记录下来。例如，看到一朵漂亮的花、听到一首好听的歌曲，或者和好朋友一起玩耍时的快乐。

2. 户外正念活动：家长与孩子去户外观察大自然，如云朵的形状、树叶的颜色、鸟儿的鸣叫，捕捉这些美好的当下。

3. 学习场景迁移：孩子在学习过程中也可以尝试该活动，如专注于书写的感觉、全神贯注地阅读、感受身体姿势的变化、专注于老师的讲解、觉察到情绪变化、体验书本的质感等。

游戏 12　时间魔法师

"时间魔法师"游戏是针对儿童学习效能提升设计的正念练习方案，通过趣味化时间管理训练，帮助孩子建立高效学习模式与时间感知能力。

游戏目的

1. 建立时间价值认知，掌握任务规划技巧。

2. 通过正念冥想提升持续专注力。

3. 培养自我管理能力与学习自律性。

4. 形成高效任务执行机制。

游戏材料

1. 可视化任务清单（可手绘或使用模板）。

2. 时间管理工具（计时器或手机倒计时）。

3. 提示音（选择自然音效或轻柔铃声）。

扫码收听

游戏步骤

1. 引入"时间魔法师"的概念

将时间拟人化为具有魔力的伙伴："这位看不见的魔法师每天都会赠予我们同样珍贵的礼物——24 小时，学会与它合作，你就能成为掌控时间的魔法小达人！"

2. 制订学习计划

（1）清单梳理：家长引导孩子梳理学习目标，如作业、预习、复习等任务。

（2）时段分配：采用"番茄钟"原理（学习25分钟后休息5分钟）；根据任务复杂程度弹性调整时段长度。

3. 正念引导

在孩子正式学习前，做一个简短的正念冥想，家长引导语如下。

现在，我们来做一个简短的正念冥想，帮助我们进入专注的学习状态。请你舒适地坐下，双脚平稳触地，后背自然伸展，双手放在桌面上或腿上。轻轻闭上双眼，深深地吸一口气，感觉空气进入鼻腔，充满肺部；然后慢慢地呼气，感受身体的放松。再来一次，吸气……呼气……最后一次，吸气……呼气……将注意力放在呼吸上。感受每一次吸气和呼气的节奏。如果有其他想法出现，也不要紧，让它们像云朵一样飘过，然后把注意力带回到呼吸上。（呼吸练习）

在心中告诉自己："现在是学习时间，我要充分利用这段时间，专心学习了。"（自我暗示）

深深吸一口气，然后缓缓地呼出。当你准备好了，轻轻睁开双眼。（结束冥想）

保持这样的感觉，把这份专注带到你接下来的学习或其他活动上。每当你需要专注地做某件事时，都可以进行上述冥想练习，让你快速地集中注意力，提高效率。（延伸专注）

4. 学习时段

（1）设定学习时间：将计时器设定为 25 分钟（或适合孩子的时间长度），在这段时间内，孩子应全神贯注于学习任务，避免分心。

（2）捕捉当下：如果孩子在学习过程中分心了，家长要引导其使用正念技巧，将注意力放到当前任务上——深呼吸一次，重新将注意力集中于笔尖的触感、书本的质感、眼前的文字等。

5. 休息时段

当学习时段结束时，计时器会发出铃声，提示孩子进入休息时间。放下手中的学习工具，闭上双眼，深呼吸几次，感受身体的放松。家长还可以引导孩子伸展身体，活动颈部和肩膀。

6. 循环学习和休息

休息结束后，重新设定计时器，进入下一个学习时段。按照计划表，依次完成所有学习任务。

7. 总结与反思

在学习结束后，家长应与孩子一起回顾当天的学习情况：完成了哪些任务？学习过程中是否专注？有哪些需要改进的地方？

值得注意的是，家长应赞扬孩子的努力和进步，增强他们的自信心。

家长小贴士

1. 为孩子提供安静、舒适的学习环境，减少干扰。

2. 根据孩子的年龄和专注力，调整学习和休息的时间长度。

3. 给予孩子积极的鼓励和支持，帮助他们建立良好的学习习惯。

延伸活动

1. 制作一个学习进度表，记录每天完成的任务，以便孩子直观地看到自己的进步。

2. 完成一定数量的学习任务后，家长可以给予孩子小奖励，增强其学习动力。

让我们继续关注小橘子的成长故事。

次日，闺蜜如约来访，我们共同为小橘子设计了专属正念训练方案。在专业指导下，这个家庭开始系统地实施训练计划了。

初期适应阶段，小橘子表现出短暂的不配合，但通过趣味化引导，她很快展现出了浓厚的兴趣。训练一周后，孩子放学回家雀跃地分享："妈妈！今天我把课堂知识想象成寻宝游戏，记单词变得好有趣！"闺蜜注意到，女儿眼中重现了久违的灵动的光彩。

三周后，我接到闺蜜激动的来电："刚收到班主任反馈！小橘子单元测试进步了很多，现在课堂互动频率也大大提升了！"电话那头的声音带着颤抖的喜悦。

我欣慰地回应："这是她自身努力的结果，正念训练就像认知'健身操'，帮助她建立了更高效的学习模式。"

"真的太感谢了！"闺蜜感慨道，"之前辅导作业时的那种无助感，现在终于找到突破口了。"

随着持续练习，小橘子不仅成绩稳定在班级前列，更养成了独特的"学习仪式感"——每天在做作业前，她会主动进行五分钟正念冥想练习。

　　这个成功的案例说明，科学设计的正念训练能同步提升儿童的认知效能与心理韧性。如果教育者能以正念化、游戏化的思维重构学习体验，那么每个孩子都能在自我觉察中发现成长的密钥。正如小橘子的蜕变所示，教育的奇迹始于家长和老师对儿童认知规律的尊重与引导。

第 2 章

培养自信心与积极心态

阿磊（化名）是一个三年级的男孩，身材瘦小，总是低着头，眼神中透着对周围环境的警惕。初次见面时，他紧紧拽着妈妈的衣角，只露出一双怯生生的眼睛。

阿磊的妈妈曾提到，孩子特别内向、胆小。从专业角度看，阿磊的表现符合儿童社交焦虑和回避型人格障碍的特征。

"阿磊，和袁老师问个好吧。"妈妈轻声提醒道。

他低声含糊地嘟囔了一句。我蹲下去与他平视，微笑着说："阿磊你好，欢迎你来到这里。"

见他没有回应，我意识到直接交流可能会增加他的紧张感，于是提议："听说公园的树上经常有小松鼠，要不要一起去看看？"

他的眼睛亮了一下，但很快又低下头，小声拒绝："那里人太多了。"

为了让他感到安全，我邀请他先体验沙盘游戏。沙盘室布置得温馨舒适：浅蓝色的墙面，桌上整齐摆放着各种沙具，中央的沙盘里铺着细腻的白沙。阿磊被沙具吸引，却不敢触碰。

"你可以选任何喜欢的沙具，在沙盘上创造自己的小世界。"我轻声鼓励道。

他慢慢走近沙盘，用手指轻轻划过沙子，感受着细腻的触感。在我的引导下，他最终挑选了一只小兔子沙具，小心翼翼地放在沙盘角落。接着，他又添加了小树、房子，后来又放了一只小狗在兔子身后。

"小狗是来保护小兔子的吗？"我问。

他轻声回答："嗯，这样小兔子就不孤单了。"

渐渐地，阿磊用围墙把房子围了起来。他解释说："这样坏人就进不来了。"说这话时，他的神情明显放松了些。

通过沙盘游戏，阿磊慢慢敞开心扉："小兔子害怕外面的世界，就像我一样。同学们都叫我'胆小鬼'。"说到这里，他咬了咬嘴唇。

我心中一阵酸楚和心疼，明白了他的自卑源于长期的被忽视和被嘲笑。

阿磊的情况提醒我们：内向不等于自卑。有些活泼的孩子内心也可能充满自我怀疑，他们的共同点是缺乏自信。自信是孩子成长的基石，自信的孩子更勇于尝试，面对困难更有韧性。相反，缺乏自信会让孩子害怕尝试新事物，课堂上不敢发言，社交时感到焦虑，容易陷入自卑情绪。

那么，作为家长，该怎么帮助孩子建立自信呢？

第一，给孩子创造尝试的机会，允许孩子适度冒险，体验成功与失败。

第二，关注孩子的每一点进步，及时给予具体的肯定和赞扬。

第三，建立沟通的桥梁，耐心倾听，尊重孩子的感受。当其遇到困难时，告诉孩子失败并不可怕，只要努力，就有机会成功。要鼓励孩子独立思考，培养解决问题的能力。

第四，家长要树立积极的榜样，用乐观的心态正向影响孩子。

同时，我们帮助阿磊进行了多种有针对性的正念训练，这对提升孩子的自信心很有帮助，它通过情境式的心理想象，激发孩子的内在潜能，获得强大的自我认知。

以下的九个正念游戏，可以帮助孩子提升自信。注意，这些游戏不光针对像阿磊这样极度自卑的孩子，对任何孩子都有助益。

游戏 13　自信的金色光芒

每个孩子都是独特的个体，都拥有与众不同的闪光点。这项富有想象力的正念游戏，能帮助孩子感知内在力量，增强心理能量，培养自信与积极心态。

游戏目的

1. 增强自信心：通过正念冥想引导孩子认识自我独特性。

2. 培养正念意识：提升专注当下与自我觉察的能力。

3. 激发积极情绪：体验内心的平静与喜悦，培养乐观的态度。

4. 促进情感表达：鼓励孩子分享感受，提升沟通能力。

扫码收听

游戏步骤

1. 准备阶段

（1）选择安静、温馨的舒适环境。

（2）可播放轻柔的音乐，适当调暗灯光以营造放松氛围。

2. 正念引导

家长引导语如下。

宝贝，请找个舒服的姿势坐好或躺下，让身体完全放松。轻轻闭上双眼，深呼吸，吸气……呼气……感受身体逐渐放松。再来一次，吸气……呼气……很好。

现在，想象你被温暖的金色光芒包围，它像阳光般明亮柔和。吸气时，感受宇宙能量通过金色光芒注入体内，带来力量与快乐；呼气时，金色光芒从体内散发，照亮四周。你就像一颗闪亮的星星，发出美丽的光芒。这光芒让你感到温暖、安全、平静，给予你勇气和力量。随着每次呼吸，金光变得越来越亮，你的内心也更有力量。你充满自信，无所不能。

一只手轻抚腹部，另一只手放在胸口。感受心中那颗金色小星星，那是你的自信源泉。对自己说："我是独一无二的，我有自己的光芒，我相信自己。"

现在，想象你面前有面魔镜，映出最自信快乐的你。看看自己灿烂的笑容，明亮的眼神，充满活力的模样。如果你有任何不开心或担心的事情，那就将烦恼想象成泡泡，随风飘散。做最真实的自己，你就是最棒的！

记住这个秘诀：深呼吸，想象金色光芒，就能唤醒内在力量。

现在慢慢活动手指和脚趾，深呼吸几次。然后缓缓睁开双眼，欢迎回来！（结束冥想）

感觉怎么样？在冥想后，是不是感觉自己身体里有一股无穷的力量？愿意和我分享一下刚才的感受吗？（分享感受）

 **家长小贴士**

　　1.积极引导，用温柔、鼓励的语气，引导孩子进入冥想状态。

　　2.尊重孩子的感受，无论孩子分享什么感受，都给予肯定和理解，避免评判。

　　3.确保环境温馨、安全，让孩子感到被保护和被关爱。

　　4.建议定期进行这个练习，帮助孩子巩固自信心。

 **延伸活动**

　　1.绘画表达：鼓励孩子将冥想中看到的自信的自己画出来，使用金色和其他鲜艳的颜色。

　　2.制作自信卡片：让孩子在卡片上写下鼓励自己的话语，随身携带或放在房间里，随时提醒自己。

3. 自信日记：记录积极体验，鼓励孩子每天写下一件让自己感到自信或开心的事，培养积极的思维习惯。

4. 角色扮演游戏：和孩子一起扮演、模仿其喜欢的拥有自信的角色（动漫、影视角色或真实人物），发挥想象力，增强自信心和表达能力。

游戏 14　克服胆怯的小狮子王

每个孩子心中都住着一只勇敢的小狮子王，它代表着与生俱来的勇气、自信和力量。有些孩子可能暂时还没有发现这份珍贵的内在力量。这项富有想象力的正念游戏，将帮助孩子唤醒内心的勇气，建立自信，以更积极的姿态迎接成长中的挑战。

游戏目的

1. 增强自信心：通过冥想引导孩子发现自己的内在力量。

2. 培养勇敢精神：鼓励孩子以积极态度面对未知挑战。

3. 提升正念意识：帮助孩子专注当下，增强自我觉察能力。

4. 促进情感表达：创造安全环境以让孩子自由表达内心感受。

游戏准备

1. 建议家长与孩子一起观看《狮子王》影片或阅读相关书籍。

2. 重点讨论小狮子王展现勇气的经典场景。

扫码收听

游戏步骤

1. 准备阶段

（1）选择安静、温馨的舒适环境。

（2）可播放轻柔的音乐，适当调暗灯光以营造放松氛围。

2. 正念引导

家长引导语如下。

宝贝，请找个舒服的姿势坐好或躺下，让身体完全放松。轻轻闭上双眼，深呼吸，吸气……呼气……感受身体逐渐放松。再来一次，吸气……呼气……很好。

想象我们来到了美丽的非洲大草原。这里天空湛蓝，阳光温暖，微风带着青草的芬芳。

现在的你，是一只威武的小狮子王。你有金色的毛发，强壮的身体，炯炯有神的眼睛。你迎着微风在草原上快乐地奔跑，脚下是柔软、舒适的草地，每一步都让你感到快乐和轻松。

你看到许多小动物在草原上活动，有小兔子、斑马、长颈鹿、羚羊……它们看到你都开心地围过来，它们喜欢你这位勇敢、友善的朋友。

现在，你要去草原中央的生命之山。沿途鸟儿为你歌唱，泉水叮咚作响，鲜花盛开。当你登上山顶，站在巨石上，深吸一口气，发出充满力量的吼声，这是你作为小狮子王的宣告！

草原上的所有动物都听到了你的吼声，它们为你的勇敢和力量而欢呼，你感到自豪和满足。

记住这种感觉，把这颗勇敢的王者之心藏在你的心中。当你需要勇气时，就想想心里这只勇敢的小狮子王。

现在，慢慢活动手指和脚趾，深呼吸几次。然后缓缓睁开双眼，欢迎回来！（结束冥想）

这次草原冒险感觉如何？愿意和我分享你最喜欢的部分吗？（分享感受）

家长小贴士

1. 用温和、鼓励的语气全程引导。

2. 无条件地接纳孩子的所有感受。

3. 确保环境安全舒适。

4. 根据孩子的反应调整引导节奏。

延伸活动

1. 创意绘画：画出心中的小狮子王形象。

2. 故事创作：编讲狮子王的冒险故事。

3. 家庭剧场：亲子演绎狮子王片段。

4. 勇气记录：用文字或图画记录勇敢时刻。

游戏 15　遇见未来最好的自己

　　每个孩子都拥有独特的潜能和梦想，帮助他们展望未来不仅能明确人生方向，更能激发持续成长的内在动力。这项富有创意的正念游戏将引导孩子在心中勾勒未来的美好蓝图，建立积极的自我认知，培养面向未来的成长型思维。

游戏目的

　　1. 目标可视化：帮助孩子构建清晰的未来图景，设立阶段性目标。

2.潜能开发：让孩子认识到自身的无限可能，增强自信。

3.正念培养：通过冥想提升自我觉察能力，保持内心平和。

4.动力激发：将未来愿景转化为当下行动力，培养持之以恒的品质。

扫码收听

游戏步骤：

1. 准备阶段

（1）选择安静、温馨的舒适环境。

（2）可播放轻柔的音乐，适当调暗灯光以营造放松氛围。

（3）准备纸、笔等记录工具放在触手可及处。

2. 正念引导

家长引导语如下。

宝贝，请选择舒服的姿势坐好或躺下，让身体完全放松。然后轻轻闭上双眼，深呼吸，吸气……呼气……感受身体逐渐放松。再来一次，吸气……呼气……很好。

现在，想象你面前出现了一台专属于你的时光机。它可能是闪耀着光芒的飞船，也可能是散发着花香的神秘之门，按照你最喜欢的样子来设计它。

你轻轻走进时光机，感受到舱内温暖又安全。你知道，它会带你去未来，见到未来的自己。这场旅行非常安全，也不会打扰到未来的人们。你坐上了时光机，前面的控制面板上有不同年龄的按钮，你想停在哪个时间点呢？

按下按钮的瞬间，柔和的光芒包裹着你。时光开始流动，你正前往未来的某个重要时刻。

看，时光机停下了。你来到未来的某个场景，也许是明亮的教室，也许是富有创意的工作室，或者是你梦想中的地方。

你看到了未来的自己：你穿着什么样的衣服？正在专注地做什么？脸上带着怎样的表情？仔细观察周围的一切细节：环境的光线、空气的味道、那些陪伴在身边的人……

未来的你转过头，对现在的你露出鼓励的微笑。未来的你知道，正是现在的你每一天的努力，造就了未来那个优秀的自己。

如果愿意，你可以继续探索更远的未来。也许是你考上理想大学的那一刻，或者从事你喜欢的工作的场景。

现在，是时候回来了。你回到时光机上，调整时间刻度，随着温暖的光，你回到了现在。

现在，慢慢活动手指和脚趾，深呼吸几次。然后缓缓睁开双眼，欢迎回来！（结束冥想）

这次未来之旅给你什么特别的感受吗？你看到的最让你惊喜的画面是什么？（分享感受）

3. 写下目标和感受

家长可以引导孩子将未来场景画下来或写下来，可以重点记录三个最想实现的目标。

4. 制订行动计划

家长与孩子讨论如何实现目标。例如，"要成为未来最好的自己，你觉得从现在开始可以做哪些小事呢？我们可以把这些小目标写在日历上，每周检查进度，一步一步地朝着梦想前进！你觉得怎么样？"

家长小贴士

1. 引导时保持语调轻柔舒缓，给孩子充足的想象空间。

2. 完全接纳孩子描述的所有未来场景，不设定标准答案。

3. 帮助孩子将大目标分解为可执行的小步骤。

4. 定期温和地跟进目标进展，避免施加压力。

延伸活动

1. 未来愿望瓶：家长可以准备一个透明的瓶子，让孩子将自己的愿望写在纸条上，折好放入瓶中。每隔一段时间，和孩子一起打开愿望瓶，看看有哪些愿望已经实现，哪些需要继续努力。

2. 成长日记：家长可以鼓励孩子写日记，记录自己为实现目标所做的努力和取得的进步。定期回顾，反思自己的表现，适时调整目标和计划。

3. 写给未来的信：家长可以让孩子写一封信给未来的自己，表达期望和鼓励。然后将信件保存起来，在未来的某个时间打开阅读。

克服拖延与考试焦虑

游戏 16　克服拖延冥想练习

儿童的拖延行为始终是家庭教育中的重点难题，常常表现为作业拖沓迟缓、行动启动困难、任务完成效率低下，这些情况可能会引发家长的焦虑情绪，不仅影响儿童的学业成绩，更可能损害亲子关系质量。

该游戏通过情境化正念练习，帮助儿童系统地改善拖延倾向，同步提升任务驱动效能，实现行为模式的积极转变。

游戏目的

1. 提高自我觉察能力：建立对拖延行为及其负面影响的认知能力。

2. 培养积极心态：通过正念引导构建建设性自我对话机制。

3. 增强行动力：激活内在驱动力，促进目标导向行为。

4. 改善时间管理：发展任务分解与优先级规划的核心技能。

扫码收听

游戏步骤

1. 准备阶段

（1）选择安静、温馨的舒适环境。

（2）可播放轻柔的音乐，适当调暗灯光以营造放松氛围。

2. 正念引导

家长引导语如下。

请你像一位小勇士一样坐下来，或者像可爱的小精灵一样躺下来。让你的身体完全放松。

轻轻地闭上双眼，深深地吸一口气，像是在闻一朵香香的魔法花；然后慢慢地呼气，将烦恼吹向远方的云朵。再来一次，吸气……呼气……太棒了！

现在，我们要进入一个奇妙的魔法世界。在这里，有许多小怪兽挡在我们前进的路上，但别担心，你是勇敢的冒险家，这正是锻炼勇气的绝佳时机！

在这个奇幻国度里，有一个叫"拖延大魔王"的家伙，它擅长制造"等会儿再做"的迷雾。我们要想办法打败它！

想一想，有没有什么事情像一个巨大的"任务大魔王"，让你不想去挑战？例如完成作业、整理房间或帮父母做家务。

其实，每个大魔王都由小怪兽组成。你可以把大任务变成一个个小怪兽，每打败一个小怪兽，你就离胜利更近一步。

也许有的小怪兽看起来有点无聊，或者有点难应付；也许你担心自己打不过它们。没关系，你有神奇的魔法武器！

现在，让我们来制订一个打怪计划。把"任务大魔王"分成几个小怪兽，一个一个地打败它们！你准备好了吗？首先，你要面对第一个小怪兽。它可能是"文具归位兽"，或者"文字书写怪"。你想先挑战哪一个呢？

想象自己拿起魔法剑，或者施展魔法咒语，充满信心地打败了小怪兽。太棒了！你完成了一个小任务！

每打败一个小怪兽，你都会获得一颗闪闪发光的魔法宝石。收集足够的宝石，可以升级你的魔法装备哦！

接下来，面对下一个小怪兽。一步一步，勇敢前进！每一次挑战都是一次新的冒险！

你感觉越来越自信，越来越勇敢。每打败一个小怪兽，你的力量就会增加一点！

当你打败了所有的小怪兽，收集了足够多的魔法宝石时，你就可以挑战"拖延大魔王"了！你已经变得非常强大，准备好了吗？

你走到"拖延大魔王"的面前，勇敢地看着它。

它试图用拖拉的魔法迷惑你，但你有坚定的意志！

你举起魔法剑，或者念出强大的魔法咒语，释放出所有的力量。"拖延大魔王"被你的勇气和决心打败了！

整个魔法世界为你欢呼！彩虹在天空中散发着迷人的七色光，快乐的音乐响起。你成了真正的魔法小勇士！

现在慢慢活动手指和脚趾，深呼吸几次。然后缓缓睁开双眼，我的小勇士，你已携带魔法世界的勇气回归现实！（结束冥想）

（家长可采用开放式提问）刚才哪个战斗场景让你最有成就感？如果给今天的自己颁发勋章，你会设计什么样的图案？我们也可以像在魔法世界一样，把现实中的"任务大魔王"分解成很多个小怪兽，一个一个地打败它们，你愿意和我一起制订打怪计划吗？（分享感受）

3. 开始行动

选择现实中的任务。

（1）共同设计打败怪兽的任务手册，任务也许是"整理玩具怪"，或是"完成作业怪"。

（2）设置可视化进度条（如能量宝石收集罐）。

（3）建立"骑士团契约"奖励机制（如每五颗宝石兑换一份特权）。

家长小贴士

1. 采用描述式赞扬：具体指出孩子的进步和努力，例如，"你快速收拾玩具的动作像闪电侠"。

2. 设置"成就银行"：储存每日小胜利，周末兑换家庭特别活动。

3. 引入"挑战锦囊"：当孩子遇到困难时，提供解决方案。

4. 保持成长型思维：强调改进方法的重要性，而非单纯地评价结果。

延伸活动

1. 任务宝盒：准备一个盒子，里面放入各种小任务卡片和奖励，孩子每天抽取一定数量的任务，完成后获得相应奖励。

2. 合作闯关：全家人一起参与任务闯关，每个人都有自己的任务，通过合作完成一些任务，培养团队精神。

3. 升级挑战：随着孩子能力的提升，增加任务的挑战性，例如，将游戏扩展为一周或一个月的任务挑战，并分解任务为小目标，培养持之以恒的品质。

游戏 17　考前能量补给站

无论是阶段性评估或升学选拔，学龄期儿童普遍面临压力情境。部分儿童会出现临床性考前焦虑反应，典型表现为交感神经亢进（如心悸、失眠）、认知阻滞（如注意涣散、记忆提取困难）等。这不仅降低学习效能，更可能引发导致考场表现失常。

游戏目的

1. 缓解考前焦虑：通过正念冥想，帮助孩子放松身心，减少紧张情绪。

2. 增强自信心：引导孩子回顾自己的学习过程，建立自信。

3. 提高专注力：帮助孩子在考试中更专注。

4. 提升考试表现：帮助孩子以最佳状态进入考场。

扫码收听

游戏步骤

1. 准备阶段

（1）选择安静、温馨的舒适环境。

（2）可播放轻柔的音乐，适当调暗灯光以营造放松氛围。

2. 正念引导

家长引导语如下。

宝贝，请找个舒服的姿势坐下或躺下，让身体完全放松。然后轻轻闭上双眼，深呼吸，吸气……呼气……感受身体逐渐放松。再来一次，吸气……呼气……很好。

现在，想象你正在为一场重要的考试做准备。你已经做了充足的复习，对知识点都很熟悉。

你发现学习是一件有趣的事，你充满了动力。在掌握新知识的过程中，你感到快乐和满足。

想象一下你在复习的场景：阅读教材、做练习题、背诵知识点。你的注意力非常集中，记忆力处于最佳状态。

你觉得眼前的书本就像你的好朋友一样，所有的知识点都在你的脑海里，清晰明了。

你对即将到来的考试感到自信和兴奋。这是一个展示你所学知识的机会，你准备得非常充分。

现在，想象你走进考场。教室明亮整洁，环境让你感到舒适。

在开始答题前，你让自己放松下来。深深地吸一口气，然后慢慢地呼出。你感觉到紧张的情绪随着呼气被释放出去了。

继续平稳地呼吸，每一次呼吸都让你更加沉着冷静。你的身体放松，心情平静，思路也变得更加清晰。

在这种平静的状态下，你能够更加专注。你感觉到自己的专注力像一束光，聚焦在眼前的试卷上。

现在，你开始答题。简单的题目，你能快速、准确地作答；有挑战的题目，你能冷静思考、尽力解决。

时间过得很快，你顺利地完成了所有题目。你检查了一遍，确认没有遗漏。

考试结束了，你感觉轻松和满足。你为自己的努力感到自豪。

虽然还没有收到成绩，但你知道自己已经尽力了。你对结果充满信心，无论成绩如何，你都能坦然接受。

你明白，考试只是对自己学习情况的检验。如果取得好成绩，你会继续努力；如果成绩不理想，你也不会气馁，而是找到需要改进的地方。

现在，请回想一下整个过程，你学会了调整情绪、应对压力，这将让你受益终身。

现在，慢慢地将注意力带回到你的身体上，轻轻地活动手指和脚趾，再动一动手腕和脚踝，活动肩膀和脖子。你的身体逐渐恢复活力。当你准备好了，轻轻地睁开双眼。精力充沛且充满自信的你，欢迎回来！（结束冥想）

愿意和我分享一下你刚才的感受吗？有没有觉得放松一些？你有什么想法或担忧吗？我们可以一起讨论。（分享感受）

3. 行动计划

制订复习计划，以便准备得更加充分。在复习的过程中要适当休息和放松，保持良好的状态。

家长小贴士

1. 用温柔、鼓励的语气，引导孩子进入冥想状态，帮助其充分放松。

2. 不要在冥想后立即谈论成绩和分数，避免增加孩子的压力。

3. 询问孩子的感受和需求，给予适当的帮助和支持。

4. 建议在考试前的几天里，每天进行这项冥想练习，帮助孩子保持良好的状态。

延伸活动

1. 正念呼吸练习：家长指导孩子在紧张时，随时进行深呼吸，快速放松。

2. 积极的自我暗示：家长鼓励孩子在日常生活中多对自己说积极的话语，例如，"我能行""我已经准备好了"。

3. 身体放松训练：家长指导孩子在睡前进行身体扫描放松，帮助其提高睡眠质量。

游戏18　决胜考场

考试是检验学习成果的重要方式，也可能成为心理压力的来源。本训练通过场景预演与正念结合，帮助孩子建立积极的考试认知，培养从容应考的心理素质，实现知识储备与心理状态的双重优化。

游戏目的

1.场景预适应：通过情境模拟降低考试环境敏感度。

2.情绪调节能力：训练压力情境下的自我平静技巧。

3.自我效能强化：建立"准备充分"的积极心理暗示。

4.表现优化：培养专注—放松的平衡考试状态。

扫码收听

游戏步骤

1.准备阶段

（1）选择安静、温馨的舒适环境。

（2）可播放轻柔的音乐，适当调暗灯光以营造放松氛围。

2. 正念引导

家长引导语如下。

现在让我们调整到最舒适的坐姿，后背自然挺直，双手轻放桌面。然后轻轻闭上双眼，深呼吸，吸气……呼气……感受身体逐渐放松。再来一次，吸气……呼气……很好。

想象现在是考试当天的清晨，你吃着营养早餐，检查文具袋，带着适度的兴奋感——因为这是展示学习成果的机会。

你从容地走进考场，阳光透过窗户洒在课桌上。在等待老师发卷的一两分钟，把你的身体稳在当下，感觉自己的双脚、身体与大地连接，充满了自信与能量，能够从容地面对考试。

监考老师分发试卷时，你感到手心温暖，呼吸平稳。

展开试卷的瞬间，熟悉的题型映入眼帘。遇到基础题时，你流畅书写；碰到挑战题时，你享受思考的过程。

注意保持稳定的答题节奏，当感到有困难时，就停下来做一次深呼吸调整。深深地吸气，慢慢地呼气。每一次呼吸都让你更加专注和平静。

当出现不确定的题目时，你会在草稿纸上画个笑脸符号，提醒自己："我已充分准备，可以解决这个问题。"

交卷前十分钟，使用"三遍检查法"：第一遍检查漏题，第二遍核实计算或书写，第三遍验证思路，像考古学家般细致严谨。现在，想象你已经完成了考试，你感到自信和满足。

等待考试成绩时，你依然感到平静和自信。你知道，成绩是自己努力的自然结果，是对你真实水平的检验。

如果取得了好成绩，你会感到高兴和自豪，但不会自满；如果没有达到预期，你也不会沮丧，你相信自己会越来越好。每一次考试都是新的起点。

这种感觉是如此美妙，你享受着成功和进步带来的喜悦。

接下来，请花一点时间，回想一下考试的全过程。从动机、准备、沉着应考，到坦然面对结果。你在反思这个过程时感到平静和自信。

此时此刻，你已经为考试做好了心理准备。你感到动力十足。

现在，慢慢地将注意力带回到你的身体上，轻轻地活动手指和脚趾，再动一动手腕和脚踝，活动肩膀和脖子。你的身体逐渐恢复活力。当你准备好了，带着这份从容轻轻地睁开双眼，欢迎回来！（结束冥想）

在这次模拟考试体验中，你觉得哪个环节特别有成就感？当遇到压力时，哪些方法最有效？（分享感受）

家长小贴士

1. 在模拟训练中穿插真实考试流程（如倒计时提醒）。

2. 重点强化"过程导向"思维，弱化结果，以达到缓解考虑焦虑的目的。

3.训练后提供具体的观察反馈，例如，"刚才你检查试卷的方式特别系统。"

4.考前建立固定训练仪式，如考前三天每日进行十分钟模拟训练。

延伸活动

1.制作闯关地图：家长和孩子一起在纸上绘制一张"考试闯关地图"，设定多个关卡，每个关卡代表一个学习任务或知识点。每完成一个关卡，孩子就能获得一枚"勇士徽章"，集齐所有徽章即可通关，成为"考试小勇士"。

2.考试加油卡：家长和孩子一起制作写有鼓励和正能量话语的加油卡，在考试前给予孩子支持和信心，例如，"你是最棒的""相信自己，加油""努力就会有收获"等。

激发内在潜能

游戏 19　内心星图

　　每个孩子都是独特的能量体，蕴藏着无限可能。该游戏通过宇宙意象帮助儿童构建心理图式，建立稳定的自我认知系统，在提升儿童情绪调节能力的同时，激发他们的创造性思维与内源性成长动力。

游戏目的

　　1. 激发内在能量：帮助儿童感受内心的力量，增强自信心与自我认同感。

　　2. 培养正念意识：通过冥想练习提升儿童的自我觉察能力与内在平静感。

　　3. 增强想象力：激活创造性思维，培育多维度的想象空间。

4.缓解压力和焦虑：促进身心放松，有效释放负面情绪。

扫码收听

游戏步骤

1.准备阶段

（1）选择安静、温馨的舒适环境。

（2）可播放轻柔的音乐，适当调暗灯光以营造放松氛围。

2.正念引导

家长引导语如下。

现在请选择最舒服的姿势坐下或躺下，让身体完全放松。然后轻轻闭上双眼，深呼吸，吸气……呼气……感受身体逐渐放松。再来一次，吸气……呼气……很好。

想象自己正漂浮在浩瀚的宇宙中，周围是流动的星云，远处的恒星散发着柔和的光芒，整个空间充满宁静的能量。星光包裹着你，带来温暖的安全感。

在你的身体上方，星云形成了美丽的漩涡，慢慢变成金色和白色的光流，洒在你的身上。光流温暖、柔软，充满了爱的能量。

这些美妙的能量正源源不断地被你的身体吸收。它们进入你的身体，像温暖的水流一样，流遍你的全身。

当光流渗入你的血液、肌肉、骨骼和细胞时，你感到自己变得强壮有力。光流流入你的大脑，你感觉自己变得更加聪明，思维清晰。

光流漫过你的脸庞，让你变得更加美丽或帅气。它告诉你："你是独特的，拥有智慧与勇气。"

现在慢慢地感觉你的身体，感受你的手指和脚趾。深深地吸一口气，然后慢慢地呼出。当你准备好了，轻轻地睁开双眼，欢迎回来！（结束冥想）

你和宇宙、星云连接的时候，身体有什么感觉？你有没有感觉到内心的小宇宙呢？（分享感受）

 **家长小贴士**

1.用温柔、鼓励的语气，引导孩子深入体验冥想，充分发挥想象力。

2.无论孩子分享什么样的体验，都给予肯定和支持，避免批评或否定。

3.确保环境温馨、安全，让孩子感到被保护和被关爱。

4.定期进行这项练习，帮助孩子巩固内心的力量和自信。

 **延伸活动**

1.制作星空瓶：准备一个透明的玻璃瓶、闪光粉、彩色颜料、水和甘油，家长和孩子一起制作"星空瓶"，它象征孩子的内心小宇宙。

2. 星空故事会：家长和孩子一起编写或讲述关于宇宙、星星和内心力量的故事，增强亲子互动。

3. 星空夜观赏：在天气允许的情况下，家长和孩子一起观赏夜空，加深对宇宙的感受。

游戏 20　小小演讲家

公开演讲是儿童未来发展的重要核心能力。在当今信息社会中，观点表达与知识传播能力往往具有比知识储备更显著的影响力。然而，社交焦虑与自我效能感缺失导致很多学龄儿童存在演讲恐惧问题。为此设计的"小小演讲家"正念游戏，通过具身认知训练构建心理模拟场景，帮助儿童建立演讲自我效能感，系统提升表达能力。

游戏目的

1. 提升自我效能感：通过心理预演强化儿童对公众

表达的积极预期。

2.缓解社交焦虑：运用系统脱敏原理降低演讲情境的焦虑指数。

3.培养演讲技巧：提升孩子的表达能力和语言组织能力。

4.激发兴趣和热情：让孩子感受到分享知识和观点的快乐。

扫码收听

游戏步骤

1. 准备阶段

（1）选择安静、温馨的舒适环境。

（2）可播放轻柔的音乐，适当调暗灯光以营造放松氛围。

（3）让孩子以自然姿态放松地站立，后背自然挺直。

2. 正念引导

家长引导语如下。

现在让我们调整到最舒适的站姿，后背自然挺直，双臂自然下垂。然后轻轻闭上双眼，深呼吸，吸气……呼气……感受身体逐渐放松。再来一次，吸气……呼气……很好。

现在想象一下你是一位自信、阳光、口才出色的演讲者，想象一下你准备发表演讲的场景。如果你很少演讲，可以先想象自己在熟悉的教室里，对着同学们演讲。如果你想挑战自己，可以想象在学校的大操场或剧院里，对着更多的观众演讲。

你即将走向讲台，你感到有些紧张，但更多的是自信与兴奋，你期待在大家面前表达你的观点。

注意观众期待的目光，他们正等待你分享自己的观点。

现在，你轻松地走上讲台。开始演讲时保持平稳的呼吸，语言清晰流畅，思路连贯。观众认真倾听的神情和适时的掌声，让你体验到表达的成就感。

演讲结束时，记住这种满足与自豪的感受。

将来，当你要在公共场合发表演讲或讲话时，你可以先在脑海中这样练习。这会非常有用。

现在慢慢地感觉你的身体，感受你的手指和脚趾。深深地吸一口气，然后慢慢地呼出。当你准备好了，轻轻地睁开双眼，欢迎回来！（结束冥想）

你感觉怎么样？愿意和我分享一下刚才的感受吗？有没有觉得自信了很多？（分享感受）

3. 实际练习

（1）自选主题进行三分钟演讲练习。

（2）可选镜前练习，观察表情与身体语言。

 **家长小贴士**

1. 引导时保持平稳语速。

2. 练习后运用"三明治反馈法"，即先肯定优点，再提改进建议，最后给予鼓励。

3. 创造家庭演讲会等低压力练习场景。

4. 陪同练习时保持眼神交流与点头示意。

延伸活动

1. 家庭演讲日：每月设定主题进行家庭演讲交流。

2. 演讲手账制作：用思维导图整理演讲要点。

3. 优秀演讲观摩：分析演讲者的身体语言与节奏控制。

4. 录像回放练习：通过录像复盘并表达细节。

游戏 21　晨间自信练习

这项正念游戏旨在帮助孩子从每日的自信体验开始累积积极心理资本，逐步构建正向生活轨迹。通过系统化训练，儿童将感知到内在力量，建立对生活的掌控感与自我效能感。

游戏目的

1. 增强自信心：强化儿童自我认同，激活内在心理能量。

2.培养积极心态：建立乐观认知框架与感恩思维模式。

3.提升想象力：通过意象训练促进创造性认知发展。

4.缓解焦虑情绪：运用放松技术调节身心压力。

扫码收听

游戏步骤

1. 准备阶段

（1）选择安静、温馨的舒适环境。

（2）可播放轻柔的音乐，适当调暗灯光以营造放松氛围。

2. 正念引导

家长引导语如下。

现在让我们调整到最舒适的坐姿，也可以躺下。然后轻轻闭上双眼，深呼吸，吸气……呼气……感受身体逐渐放松。再来一次，吸气……呼气……很好。

现在，想象自己即将开启自信、快乐的一天。

在"内心星图"游戏里，你已经学会了从宇宙中获取积极的能量，它一直伴随着你，存在于你的体内。请保持自然的呼吸，感受空气进入你的身体，感受体内能量的充盈。轻轻地呼气，放松自己。你做得非常棒！

想象你的身体变得很轻，你体内的宇宙能量散发出金色的温暖光芒。你感到安全、放松、舒适。

你觉得自己飘浮了起来，慢慢地升到楼房上方。你继续向上漂浮，看到了街道、整个城市、整个国家。

现在，你看到了整个地球。这个蓝色的星球在你眼中如此小巧，像一颗悬浮在宇宙中的玻璃珠。在这个视角下，你感到无比自信。你的身体散发着金色的光芒，像宇宙中最亮的恒星。地球和其他星球似乎都在围绕着你转动。

你与宇宙交换着能量，不断汲取新的力量，你感受到内心的强大。

现在，请慢慢下降，回到地球。你重新看到了你的国家、城市、街道、楼房。在下降的过程中，想一想你在一天中将会做什么：早上、下午、晚上……

也许这将是平常的一天，或者会发生一些特别的事情，遇到新的挑战。不管发生什么，你都会自信、从容地面对。因为你可以从宇宙的视角去看待它们。你很强大，也很豁达，爱的能量让你的心中充满喜悦和信心。比起你长远而精彩的人生，任何困难都只是暂时的、微不足道的。

你的一天将会过得顺利而快乐。你所有的积极想法，都会帮助你过好每一天。默念以下这些话：我很安全，我很聪明，我很感恩，我很高兴，我很健康，我很努力，我很爱这个世界，我什么都能做好。

你继续下降，回到了房间里。

现在，慢慢地感觉你的身体，感受你的手指和脚趾。深深地吸一口气，然后慢慢地呼出。当你准备好了，轻轻地睁开双眼，欢迎回来！（结束冥想）

你的感觉怎么样？有没有觉得视野更开阔了？有没有觉得更快乐和自信了？（分享感受）

家长小贴士

1. 采用非指导性回应，例如，"我注意到你提到……""这听起来很有意义"。

2. 运用情感标注技术，帮助孩子识别并命名复杂情绪。

3. 记录冥想前后孩子状态的变化。

4. 建议在晨间进行练习，建立积极的心理锚定。

延伸活动

1. 制作自信日历：购买或手工制作一本日历、彩笔、贴纸等。家长可以让孩子每天在日历上写下一句积极的自我肯定或感恩的话语。然后用贴纸或通过绘画来装饰。

2. 家庭分享会：每周或每月举行一次家庭分享会，每个人都要说出让自己感到自信和快乐的事。通过彼此的分享增进家庭成员之间的理解和支持。

3. 自信挑战赛：家长和孩子一起制定一些小的挑战目标，例如，学会一项新技能、完成一项任务等。用照片、文字或绘画等方式记录完成的过程和感受。完成挑战后，家长给予孩子适当的奖励或赞扬，增强成就感。

　　阿磊在正念训练中逐渐展现出可喜的变化。通过一系列自信心培养练习，他的情绪状态和社交能力都有了明显提升。现在，他在学校里能够主动与同学交流，积极参与课堂讨论，这种转变让老师和家长都感到惊喜。

　　最近一次辅导时，他兴奋地和我分享："袁老师，我在班上交到了两个好朋友！我们一起玩游戏，还约好周末去公园玩。"我说："这真是太好了！你现在感觉怎么样？"他认真地点头回答："我觉得外面的世界其实挺有趣的，不再那么可怕了。"

　　阿磊妈妈也向我表达了感谢："谢谢您，袁老师。阿磊现在开朗多了，家里也变得热闹起来。"确实，阿磊不仅克服了社交恐惧，学会了表达自己的想法，勇敢面对挑战，还展现出了绘画天赋——他参加了学校的绘画比赛并获得了奖项。他的画作色彩明快、充满活力，恰如他现在的生活状态。这种积极的改变也影响到了整个家庭，他的父母不再像以前那样焦虑了。

　　见证阿磊的成长历程，我深感欣慰。这些改变不仅源于专业的引导，更是他勇敢面对内心恐惧、主动突破自我的结果。我相信，保持这样的成长态势，他的未来一定会充满希望。

自信就像一颗种子，在充满关爱和支持的环境中，终会生根发芽、茁壮成长。而我们能做的，就是持续给予温暖的阳光和及时的雨露，用耐心陪伴每一株幼苗的成长。

第 3 章

情绪管理与品格养成

壮壮（化名）正在上幼儿园大班，他的身高略高于同龄人，那双大眼睛里时常跳动着焦躁的火苗。每次见面时，他总紧锁眉头，嘴角下撇，显露出对周遭环境的不满。初次咨询时，他是被其母亲半拖半拽地带进咨询室的。

"欢迎你，壮壮！"我微笑着向他打招呼。

他转过脸，大声喊道："我根本不想来这个地方！"

站在身后的母亲局促地搓着手，向我解释："袁老师，实在抱歉。壮壮最近情绪很不好，在家和幼儿园都经常发脾气，请您帮我想想办法。"

根据母亲陈述，她每周都会接到幼儿园老师的投诉。就在前天建构区活动中，同学琪琪（化名）精心搭建的城堡引起了壮壮的注意。在未获得同意的情况下，壮壮直接推倒了城堡建筑。当受惊的琪琪开始哭泣时，他非但没有表现出歉意，反而伸手打了对方。

"壮壮，可以告诉老师为什么推倒琪琪的城堡吗？"我保持平和的语气询问。

"我想搭新的城堡！"他的回答干脆利落，毫无愧色。

"那为什么要打琪琪呢？"

"她哭起来吵死了。"他撇着嘴补充道。

家庭情境同样不容乐观。上周晚餐时，面对最爱的炸鸡翅，由于食物温度过高，母亲建议稍等片刻。

"我现在就要吃！"壮壮急躁地喊道。

"刚出锅的鸡翅会烫嘴，等两分钟好吗？"母亲耐心劝说。

未等话音落下，壮壮已经伸手抓取，随即被烫得号啕大哭，继而将碗碟扫落在地，引发一场家庭混战——爸爸吼，奶奶哄，场面一片混乱。

诸如此类的事件时常发生，母亲长期处于高度焦虑状态，如同面对一个随时可能爆发的"情绪炸弹"。

经过专业评估，壮壮的行为特征表现为：自我中心倾向显著、挫折耐受力低下、冲动控制薄弱，并伴随攻击性行为。其成因可能涉及以下三个维度。

1. 家庭教养因素

（1）教养方式存在过度保护倾向。

（2）需求即时满足导致延迟满足能力缺失。

（3）行为规范界限模糊。

（4）主要教养者教育理念不一致。

2. 心理发展阶段特征

（1）前运算阶段典型的自我中心思维。

（2）情绪识别与表达能力尚未充分发展。

（3）社会参照学习机会不足。

3. 病理因素可能性

（1）需专业评估排除注意缺陷 / 多动障碍。

（2）建议神经发育专科进一步检查。

我向他的母亲强调，通过系统的行为干预和家庭指导，情况将逐步改善。无论最终评估结果如何，培养孩子的情绪认知能力与自我调节策略，都是当前干预的核心目标。正念训练对儿童情绪的平稳和自我控制有显著的作用。我针对壮壮的情况，设计了一系列正念情绪训练游戏。

认识情绪，学会表达

游戏 22　情绪小伙伴：识别情绪

情绪识别与表达是儿童情商发展的关键环节。通过系统化的情绪认知训练，儿童能够提升情绪调节能力，建立健康的人际关系。

游戏目的

1. 情绪识别：帮助儿童准确辨识基本情绪（快乐、悲伤、愤怒、恐惧、惊讶等）。

2. 情绪表达：培养儿童通过面部表情、肢体语言等非言语方式表达情绪的能力。

3. 自我觉察：增强儿童对自身情绪状态的感知与理解。

4.亲子沟通：促进亲子间的情感交流，深化依恋关系。

游戏材料

1.情绪表情卡片：包含基本情绪的面部表情图示及文字说明（见附录3）。

2.手持镜：用于观察面部表情变化。

3.多媒体素材：包含丰富情绪表达的绘本、动画或影视片段。

4.绘画工具：彩色笔、画纸等情绪表达辅助材料。

游戏步骤

1.准备阶段

（1）准备好情绪卡片和手持镜。

（2）选择适合儿童年龄的绘本或视频素材。

（3）确保环境安静舒适，避免干扰。

2. 认识情绪小伙伴

"我们一起来认识这些情绪小伙伴吧！每个表情都代表不同的感受。"

（1）快乐：源于内心得到了满足和愉悦，感受到的是轻松、喜悦与对生活的热爱。表现为"嘴角上扬，眼睛微眯"的表情特征。

（2）悲伤：是对失落、失望或无法挽回境遇的内心反应，感受到的是痛苦、无助。表现为"眉毛下垂，嘴角下弯"的表情特征。

（3）愤怒：是当我们认为受到侵犯、不公对待或目标受阻时的应激反应，感受到的是强烈的不满、激动与一种想要抗争的冲动。表现为"眉头紧锁，瞪大眼睛"的表情特征。

（4）恐惧：是对感知到的即时危险或潜在威胁的本能反应，感受到的是紧张、不安以及一种强烈的警觉和逃避欲望。表现为"眼睛睁大，嘴巴微张"的表情特征。

（5）惊讶：是对突如其来的、未曾预料的刺激的瞬间反应，感受到的是一种短暂的茫然、好奇以及对新信息的快速关注。表现为"眉毛抬高，嘴巴张开"的表情特征。

（6）害羞：源于对社交关注或评价的敏感与不适，感受到的是一种局促不安、自我意识过强以及想要回避他人目光的倾向。表现为"脸颊微红，不敢抬头"的表情特征。

（7）困倦：是身体机能下降、需要休息与恢复的生理信号，感受到的是精神不振、注意力难以集中的疲惫感以及对睡眠的渴望。表现为"双眼半闭，打哈欠"的表情特征。

（8）失落：源于期望未能实现或珍视之物不可得的心理落差，感受到的是一种空虚、沮丧与对现状的无力感。表现为"眼神黯淡，嘴角微微下撇"的表情特征。

（9）平静：是内心没有强烈情绪波动的稳定状态，感受到的是一种安稳、舒畅与内在的平和。表现为"眼神平和，嘴角自然平直"的表情特征。

3. 寻找情绪小伙伴

"现在我们一起在故事里寻找这些情绪小伙伴。"

（1）暂停观察：在素材出现典型情绪时暂停，引导儿童识别。

（2）情境分析："你觉得主人公为什么会有这种感受？"

（3）卡片匹配：让儿童选择对应的情绪卡片，并说明理由。

4. 对着镜子模仿

"让我们对着镜子，试着做出这些表情。"

（1）表情模仿：随机抽取卡片进行表情再现。

（2）身体感知：引导儿童注意不同情绪时的身体反应和感受。

5. 自我情绪识别

"你最近什么时候有过这样的感受？"

（1）回忆分享：鼓励儿童讲述自身情绪体验。

（2）多元表达：通过语言描述或绘画记录情绪。

6.总结和分享

"今天，我们认识了很多情绪小伙伴，也学会了如何表达我们的情绪。"

（1）情境联系："收到礼物时的开心，玩具损坏时的难过……"

（2）需求探讨："当你感到愤怒时，需要什么样的帮助？"

家长小贴士

1.采用非评判性态度接纳儿童的所有情绪表达。

2.示范健康的情绪表达方式，为儿童提供良好榜样。

3.运用开放式提问促进儿童情绪思考。

4.保持活动趣味性，避免说教式指导。

延伸活动

　　1. 情绪猜谜游戏：通过表情动作猜测情绪类型。

　　2. 情绪天气报告：用绘画记录每日情绪变化。

　　3. 情境角色扮演：模拟不同情绪状态下的应对方式。

　　4. 情绪温度计：制作可视化的情绪强度量表。

游戏 23　情绪晴雨表和情绪日记：记录情绪

　　这个游戏旨在系统培养儿童的情绪觉察与调节能力，通过亲子互动促进儿童的情绪智力发展。该游戏基于情绪 ABC 理论设计，帮助儿童建立情绪认知框架，掌握健康表达方式，从而提升心理韧性。

游戏目的

　　1. 情绪觉察：培养儿童识别与命名情绪的能力。

2.情绪表达：建立安全、恰当的情绪宣泄渠道。

3.情绪管理：训练情绪调节策略的应用能力。

4.亲子共育：促进家庭情绪教育的良性互动。

游戏材料

1.情绪晴雨月历（见附录4）。

2.情绪分析日记（见附录5）。

3.彩色笔、表情贴纸等视觉化工具。

游戏步骤

1.介绍"情绪天气"概念

"每个人的情绪都像天气一样变化，我们可以用'情绪天气'来理解它们。"

（1）晴天：代表开心、快乐的情绪（嘴角上扬，眼睛发亮）。

（2）雨天：代表难过、悲伤的情绪（肩膀下垂，动作缓慢）。

（3）打雷：代表生气、愤怒的情绪（拳头紧握，呼吸急促）。

（4）风暴：代表焦虑、恐惧的情绪（眉头皱起，不停提问）。

（5）淡云：代表平静、安宁的情绪（眉头舒展，情绪稳定）。

2. 制作情绪晴雨月历

"我们就像气象员一样，每天记录情绪变化，一个月后看看谁的'晴天'最多！"

（1）准备两份月历表（儿童版与家长版）。

（2）示范标注方法：用彩色笔在相应的日期方格内画上当天的情绪天气符号。

3. 记录情绪分析日记

（1）固定时段进行记录（建议睡前 20 分钟）。

（2）记录流程如下。

　　💧 记录今日主导情绪：选择 1 ~ 2 种情绪。

　　💧 情绪的来源（触发事件）：发生了什么事情？

🔹 情绪的感受：感觉如何？有何身体反应？

🔹 情绪的影响：对自己和他人有什么影响？

🔹 处理方式：如何处理和管理情绪？

🔹 反思：如何做出改进？

（3）亲子交流话术如下。

🔹 "妈妈今天遇到堵车时感到烦躁（雷电），后来通过深呼吸平静下来。你今天的'情绪天气'是怎样的呢？"

🔹 "你愿意和我分享一下，为什么今天是晴天／雨天／雷电／风暴／淡云吗？发生了什么事情让你感到开心／悲伤／愤怒／焦虑／平静？"

🔹 "我们可以把今天的情绪故事写（或画）下来，作为我们的情绪分析日记。这样可以更好地了解自己的情绪！"

家长小贴士

1. 示范作用：家长应先完成自己的情绪记录。

2. 使用以下沟通技巧：

（1）使用"我观察到……"句式（非评判性语言）；

（2）避免"不应该""不要"等否定性表达。

3. 定期（如每周日）进行家庭情绪回顾：

（1）统计各种情绪出现的频率；

（2）讨论有效的调节策略。

4. 当出现强烈负面情绪时，尝试以下做法：

（1）共同做呼吸练习；

（2）运用"情绪温度计"评估强度。

延伸活动

1. 音乐情绪训练：建立"音乐—情绪"联结（如欢快的旋律代表开心，缓慢的音乐表示伤感，激烈的音乐代表愤怒等）。随着音乐自由舞动表现情绪，如跳跃、旋转、慢步等。

2. 情绪大富翁游戏：设计一个情绪版的大富翁游戏，在亲子游戏中体验和讨论各种情绪。每个格子代表一种情绪或情绪情境。掷骰子前进，当骰子落在某个格子时，需要完成与该情绪相关的任务。例如，骰子落在开心格子，就要分享一件让你开心的事；落在生气格子，就要说说当你生气时可以怎么做来让自己平静；落在害怕格子，就要讲述一个让你感到害怕的情境，以及如何应对。

3. 制作情绪相册：收集和记录孩子在不同情绪下的照片，或引导孩子做出不同的表情拍摄照片，制作一本情绪相册。在每张照片旁边写下对应的情绪名称和简单的描述。

游戏 24 抓住情绪"小偷"：正念情绪感知

通过抓住情绪"小偷"这一形象化的游戏设计，儿童能够逐步培养对自身情绪状态的即时觉察能力，并掌握基础的情绪调节技巧。该练习帮助儿童在独处或情绪波动时，通过正念技术回归内在平静，重建积极情绪状态。

游戏目的

1.增强情绪觉察：通过意象构建与呼吸调节，提升儿童对情绪变化的敏感度。

2.培养情绪调节能力：建立"觉察—调节"的应对模式，帮助儿童稳定情绪波动。

3.提升正念水平：训练儿童保持当下专注，有效识别干扰性情绪。

4.建立自我效能感：通过成功调节体验，强化儿童对情绪管理的自信心。

扫码收听

游戏步骤

1.准备阶段

（1）选择安静、安全的环境。

（2）采用舒适坐姿，保持后背自然挺直，双手轻放膝盖上。

（3）指导儿童缓慢闭上双眼，先进行三次腹式呼吸。

2. 正念引导

家长引导语如下。

现在想象你的内心是一座特别的房子——可能是树屋、城堡，或是任何让你感到安全的地方。这座房子里住着平静和快乐，阳光洒满每个角落。（语调轻柔）

但有时候，会有"情绪小偷"悄悄溜进来："烦躁小偷"会弄乱你的玩具，"伤心小偷"会吹灭快乐的蜡烛，"担心小偷"会在墙上乱涂乱画。（具象化描述）

当我们深呼吸时，就像给房子装上警报器。发现"小偷"时，轻轻对它说："我看见你了！"然后，在呼气时想象自己把"情绪小偷"赶出房子；在吸气时让愉悦重新充满整个房子。慢慢呼气……守住……慢慢吸气……你做得非常好。（重复三次）

现在感受你的房子重新变得温暖、明亮。（尾音渐弱）

慢慢活动手指和脚趾，像睡醒的小猫伸懒腰。当

我数到三时睁开双眼：一，感受呼吸……二，听到声音……三，看到光线……（结束冥想）

（开放式提问）哪个"小偷"最难被发现？你用什么"魔法工具"赶走它的？房子的哪个角落最让你安心？（分享感受）

家长小贴士

1. 家长在引导时保持柔和的语调，让孩子更容易放松并投入想象情境。

2. 避免评判性语言，改用："我注意到你在很认真地找'小偷'呢！"

3. 运用"情绪温度计"技巧引导儿童用 1～10 分评估练习前后情绪的变化。

4. 定期进行此类正念练习，让孩子逐渐提升对情绪的觉察和控制能力。

延伸活动

1.情绪面具制作：用纸盘绘制不同的情绪表情，讨论哪个"小偷最爱戴这个面具。

2.心灵房屋回收盒：用纸箱搭建立体房屋，将负面情绪写在"小偷卡片"上，然后将卡片投入心灵房屋回收盒。

培养情绪弹性

游戏 25　平静之湖：克服愤怒

孩子在成长过程中难免会遇到情绪波动，尤其是愤怒情绪。当孩子感到愤怒时，可能会表现出不良行为，影响其身心健康。为帮助孩子有效管理愤怒情绪，培养内在平静，我设计了"平静之湖"正念冥想练习。

游戏目的

1. 缓解愤怒情绪：帮助孩子学会平复激动情绪，释放内心的愤怒与焦躁。

2. 培养平静心态：通过正念冥想练习，提升孩子的内在平和与专注力。

3. 增强自我调节能力：教导孩子识别并管理情绪，

培养情绪调节技巧。

4.促进心理健康：净化负面情绪，增强心理韧性，促进心理健康发展。

游戏步骤

扫码收听

1.准备阶段

（1）选择安静、舒适的环境，确保不受干扰。

（2）适当调暗灯光以营造放松的氛围。

（3）播放轻柔的背景音乐，帮助孩子进入放松状态。

2.正念引导

家长引导语如下。

宝贝，现在我们要开始一段特别的旅程。请你像一只慵懒的小猫一样，找个最舒服的姿势坐好或躺好，让身体完全放松。让我们一起来做几次神奇的呼吸：用鼻子深深吸气，想象在闻一朵芬芳的鲜花；用嘴慢慢呼气，像是在吹散一朵蒲公英（引导深呼吸）。再来

一次，吸气……呼气……做得真棒！（语调轻柔）

现在闭上双眼，想象我们来到了一座巍峨的雪山顶上。整座雪山像披着银色铠甲的巨龙，在阳光下闪闪发亮。（语气舒缓）

抬头望去，天空湛蓝如洗，没有一丝云彩，纯净得就像一块巨大的蓝宝石。（语速放慢）

你能感受到大自然的宁静力量，内心渐渐平静下来。

看，雪山脚下有一个清澈见底的湖泊。湖面平静得像一面巨大的镜子，完美地倒映着雪山和蓝天。

让我们轻轻走向湖边，双脚踩着柔软的草地和光滑的鹅卵石。你把脚伸进湖水里，湖水温柔地轻抚你的脚，带来一丝清凉。（语气温和）

站在湖边，你感觉整个世界都变得格外清晰，天地仿佛融为一体。（语调平稳）

此刻，你的心就像这平静的湖面，没有一丝波澜。

所有的不愉快都像晨雾一样，在阳光下慢慢消散了。（语气温暖）

就这样静静地感受这份美好与宁静，让这份平和充满你的内心。（语速缓慢）

现在，让我们慢慢回到现实。

先轻轻活动手指和脚趾，然后做三次深呼吸。感觉怎么样？是不是觉得心里暖暖的、很舒服？当你准备好了，就可以慢慢睁开双眼了。欢迎回来，我的小勇士！（结束冥想）

刚才的旅程感觉如何？内心是不是变得纯净了一些？愿意和我分享你的感受吗？记住，当你感到生气或烦躁时，可以回想这个平静的湖泊，帮助自己恢复宁静。（分享感受）

家长小贴士

1. 使用温和、平静的语调引导。

2. 采用开放式提问鼓励孩子表达，例如，"湖水是什么颜色的？""站在湖边有什么感觉？"

3. 家长可同步参与练习，以身作则示范情绪调节方法。

4. 建议每周练习 2 ~ 3 次，建立稳定的情绪调节机制。

延伸活动

1. 绘制平静之湖：提供水彩颜料，鼓励孩子画出冥想时看到的景象。

2. 情绪调节瓶：利用游戏 1 中的道具——"正念罐子"，当情绪激动时摇晃并观察罐子中闪亮的小物品沉淀的过程，象征情绪平复。

3. 情绪可视化记录：制作可视化图表，帮助孩子识别和记录每日情绪变化。

4. 平静手账：记录每次冥想后的感受，建立情绪管理成长档案。

游戏 26　小驯兽师：管理情绪

每个孩子的内心都住着一只充满活力的"小狮子"，当它温顺时，能带来勇气和自信；当它躁动时，则可能引发情绪波动和行为挑战。这个游戏通过拟人化隐喻，帮助儿童识别和理解情绪反应，掌握情绪调节策略，培养情绪自我管理能力，成为自己情绪的"小驯兽师"。

游戏目的

1. 情绪识别：帮助儿童觉察并理解自身情绪，特别是愤怒、冲动等强烈情绪。

2. 情绪调节：教导儿童运用放松技术平复情绪，增强情绪自我控制能力。

3. 自我效能感：通过成功管理"小狮子"的体验，提升儿童的情绪自信。

4. 想象训练：借助意象练习促进儿童情绪认知的发展。

扫码收听

游戏步骤

1. 准备阶段

（1）选择安静、舒适的环境，确保不受干扰。

（2）适当调暗灯光以营造放松的氛围。

（3）播放轻柔的背景音乐（建议自然音效，如流水声、鸟鸣声），帮助孩子进入放松状态。

2. 正念引导

家长引导语如下。

现在请选择舒服的姿势坐好，双手自然地放在膝盖上。如果想更放松，也可以躺下。然后轻轻闭上双眼，用鼻子深深吸气，感觉气息充满肺部；再用嘴缓缓呼气，像吹蜡烛一样。再来一次，吸气……呼气……感受身体逐渐放松，心情慢慢平静下来。注意听自己的心跳声，它会变得越来越平稳。（引导深呼吸）

现在想象你的心里住着一只特别的小狮子。它有着金黄色的鬃毛，明亮的眼睛，正慢慢向你走来。（语速放缓）

这只小狮子代表着你的力量，它让你勇敢、自信。但有时候，它也会变得焦躁不安。（语气转为关切）

看，现在小狮子有些生气了，它的毛发竖起，呼吸急促，可能正准备吼叫。这时，你的身体有什么感觉？心跳加快？肌肉紧绷？（停顿等待觉察）

记住，你是优秀的小驯兽师。温柔但坚定地看着小狮子的眼睛，对它说："我们一起深呼吸，好吗？"（安抚内在情绪）

和小狮子一起吸气……呼气……（同步呼吸）

看，它的毛发慢慢变柔顺了。（语调转柔和）

请你试着理解小狮子为什么生气：饿了？累了？还是遇到困难了？

你可以告诉它："我知道你不开心，我们可以一起想办法。"（引导温柔互动）

现在小狮子平静下来了，它亲昵地蹭蹭你，你们成了最好的伙伴。

让我们慢慢回到现实，先活动手指和脚趾，感受身体的存在。做三次深呼吸，当我数到三时睁开双眼：

一……二……三……欢迎回来，优秀的小驯兽师！（结束冥想）

你愿意和我分享刚才的感受吗？你的小狮子现在是什么状态？当感到情绪波动时，记得你可以像今天这样帮助小狮子平静下来。（分享感受）

家长小贴士

1. 用温柔、鼓励的语气，引导孩子深入体验冥想，采用开放式提问鼓励儿童表达情绪体验。

2. 无论孩子分享什么样的体验，家长都应给予肯定和支持，避免批评或否定。

3. 家长可以和孩子分享自己管理情绪的经验，建立情感共鸣。

4. 建议每周练习 2 ~ 3 次，帮助孩子巩固情绪管理能力。

延伸活动

1. 情绪绘画：用不同颜色描绘"平静小狮子"和"生气小狮子"。

2. 角色扮演：通过戴不同情绪的面具，孩子可以扮演小狮子表达各种情绪，学习识别和调节情绪。

游戏 27　情绪遥控器：培养情绪弹性

虽然我们无法像使用遥控器切换电视频道那样随意改变情绪，但通过科学的情绪调节策略，我们可以学会识别、接纳和转化情绪。就像气象变化一样，帮助孩子理解情绪从阴郁到明朗的动态转化过程，培养情绪弹性。

游戏目的

1. 情绪识别：帮助儿童建立情绪觉察能力，准确辨识情绪状态。

2.情绪管理：引导儿童运用认知重评策略调节负面情绪。

3.自我调节能力：通过训练提升情绪自我调控能力。

4.想象力培养：借助隐喻训练促进情绪认知的具象化表达。

扫码收听

游戏步骤

1.准备阶段

（1）选择安静、舒适的环境，确保不受干扰。

（2）适当调暗灯光以营造放松的氛围。

（3）播放轻柔的背景音乐（建议自然音效，如流水声），帮助孩子进入放松状态。

2.正念引导

家长引导语如下。

现在让我们像小树一样稳稳坐着，或者像云朵一样轻轻躺着。慢慢闭上双眼，用鼻子深深地吸气，像闻花香一样，再用嘴缓缓地呼气，像吹蜡烛一样。感

觉小肚子一起一伏。（引导深呼吸）

想象你的面前有面魔法镜子，它能照出心里的天气变化：生气时就像打雷闪电的暴风雨天，难过时像飘着灰色云朵的阴天，开心时像太阳公公微笑的晴天，兴奋时像雨后天晴的彩虹天空。这些天气都是正常的，就像有时要下雨，有时出太阳。（语气温和）

现在，请想象你的手中有一个情绪遥控器。当你生气时，你可以按"晴朗"按钮，电闪雷鸣就会消失，变成赏心悦目的蓝天和白云；当你沮丧时，你也可以按"晴朗"按钮，阴云就会慢慢散开，温暖的阳光洒在你身上；当你痛苦时，你仍然可以按"晴朗"按钮，雨滴会停止落下，雨过天晴，空气变得特别清新。

你还有其他的负面情绪吗？你需要认识它们，接受它们，面对它们，然后转化它们。你的情绪遥控器能够帮你做到这一切。（鼓励语气）

让我们慢慢回到现实，先活动手指和脚趾，感受身体的存在。然后做三次深呼吸，当我数到三时睁开双眼：一……二……三……欢迎回来，优秀的天气遥

控员！（结束冥想）

你喜欢这个情绪遥控器吗？你愿意和我分享一下感受吗？以后当你有负面情绪时，可以试着使用你的情绪遥控器来转变，好吗？（分享感受）

家长小贴士

1. 用温柔、鼓励的语气，引导孩子深入体验冥想，采用开放式提问鼓励儿童表达情绪体验。

2. 无论孩子分享什么样的体验，家长都应给予肯定和支持，避免批评或否定。

3. 家长可以和孩子分享自己管理情绪的经验，建立情感共鸣。

4. 建议每周练习 2 ~ 3 次，帮助孩子巩固情绪管理能力。

延伸活动

1. 当日情绪天气转化：配合游戏 23 "情绪晴雨表和情绪日记"的活动内容，针对当日情绪进行转化冥想，并记下转化后的感受。

2. 绘制情绪天气插画：不管是沮丧、生气，还是开心、兴奋，孩子都可以画一张以当下情绪状态天气为主题的画，并分享作品背后的故事。家长应鼓励孩子表达情绪，进而增进彼此的理解和交流。

3. 角色互换冥想：当家长有不良情绪时，可以让孩子用自己的语言来引导家长进行转化冥想，描述如何使用情绪遥控器调节情绪。这个过程不仅能强化孩子对练习的理解，也能提高语言表达能力，增强自信心，并且能促进亲子关系。

塑造良好品格

游戏 28　大山的力量：坚强品格

大山作为自然界中稳固与坚韧的象征，能够为儿童提供心理安全感的具象化投射。这个正念冥想练习通过山岳意象的具身化体验，帮助儿童建立心理稳定性，培养儿童在逆境中的心理韧性，从容应对成长中的挑战。

游戏目的

1. 培养心理韧性：通过山岳意象建立稳定的自我认同，增强抗压能力。

2. 提升情绪调节能力：运用正念呼吸技术提升情绪调节能力。

3. 增强自我效能：通过具身认知强化儿童对自身力

量的感知。

4.发展自然观察力：培养对自然意象的审美感知与象征理解。

扫码收听

游戏步骤

1.准备阶段

（1）选择安静、舒适的环境，确保不受干扰。

（2）适当调暗灯光以营造放松的氛围。

（3）播放轻柔的背景音乐（如大自然的声音），帮助孩子进入放松状态。

2.正念引导

家长引导语如下。

现在请像小松树一样挺拔地坐好，双手自然放在膝盖上。（示范坐姿）

轻轻闭上双眼，用鼻子吸气时想象在闻松针的清香，用嘴呼气时想象在吹蒲公英。（配合呼吸节奏）

现在，我们来做一个大山力量的冥想。这个冥想可以帮助我们保持沉稳，获得坚定的意志力。感受双脚像树根般扎入大地，想象后背如山峰节节向上延伸，肩膀化作平缓的山脊托起云朵。

你正在变成一座神奇的山：山脚有肥沃的土壤，孕育着生命；山腰有茂密的森林，住着小动物；山顶有晶莹的积雪，触摸着蓝天。

现在，环顾四周，你的身上有树木吗？山间流淌着叮咚的泉水吗？有没有松鼠在松枝间跳跃？山顶的积雪在阳光下闪光吗？无论你看到了什么样的山，它都是你自己——完美的心灵之山。（开放式提问）

你就是这座山，稳稳地矗立在大地上。你的头部是峰顶，你的肩膀是岩石的平台，你的手臂和身体是陡峭的悬崖。

以你为中心，周围环绕着无数的山脉，从中心向远处延伸，呈现出令人敬畏的风景。

想象你的脚、腿和臀部，它们在你的下方，成为山的基础，牢固地扎根在大地上。向上延伸到背部和腹部，这是你稳定的核心。

请保持深呼吸。你是一座有生命、有意识的山。你内心的平静从未动摇，超越了言语和思想，集中、坚定不移地存在着。

你是一座充满生命力的山，你平静地看着太阳从东方的地平线升起，第一缕阳光照射在你的身上。片刻之间，寂静的山林中充满了生机：积雪融化，溪流潺潺，花朵绽放，树木生长，野生动物开始活动，鸟儿欢快地歌唱。

你见证太阳在天空中运行，投射出美丽的光影，又从西边的地平线落下。夜晚的月亮和星星将夜光洒在你的身上，森林中充满了童话般的银色光辉。

以大山的高度，你感知到每时每刻带来的变化。日月交替，季节更迭，这一切都与你息息相关，但不会影响你的宁静和永恒。

你将可以面对生活中的所有变化。在现实生活中，你可能拥有阳光般的快乐，也可能经历阴暗的时刻。唯一可以保持的，就是一颗宁静、坚定不移的心，这会让你拥有无限的力量。

现在，慢慢醒来，先活动石头般的手指，再摆动树根般的脚趾，最后像日出般慢慢睁开双眼。（结束冥想）

宝贝，刚才的旅程感觉怎么样？你觉得自己像一座大山吗？你愿意和我分享一下你的感受吗？当你遇到困难或挑战时，可以想象自己是一座稳固的大山，好吗？（分享感受）

家长小贴士

1. 用温柔、鼓励的语气，引导孩子深入体验冥想，采用开放式提问鼓励儿童表达情绪体验。

2. 无论孩子分享什么样的体验，家长都应给予肯定和支持，避免批评或否定。

3. 家长可以和孩子一起进行大山冥想练习，建立情感共鸣。

4. 建议每周练习 2 ~ 3 次，帮助孩子巩固内心的平静和坚强的意志。

延伸活动

1. 亲子登山：家长可以根据孩子的年龄和体力，选择附近的公园、山坡或任何适合攀登的小型山丘，准备好舒适的运动鞋、适合的衣物、水壶和小零食，和孩子一起登山，可选择适当的地方进行大山冥想练习。

2. 画画我的大山：孩子可以自由发挥，用画笔绘制心中的大山，可以是其在冥想中看到的景象。

游戏 29 爱的拥抱：感恩品格

爱是世界上最温暖的力量，它能帮助孩子学会管理情绪，培养善良、包容的品格。通过"爱的拥抱"正念冥想练习，孩子可以感受爱的流动，学会用爱来安抚自己和他人，建立内心的安全感。

游戏目的

1.培养温暖品质：让孩子体验爱的力量，学会包容自己与他人。

2.情绪调节：通过爱的冥想帮助孩子转化负面情绪。

3.建立自信：让孩子感受被爱与爱人的能力。

4.增进亲子关系：加强家长与孩子的情感连接。

扫码收听

游戏步骤

1.准备阶段

（1）选择安静、舒适的环境，确保不受干扰。

（2）适当调暗灯光以营造放松的氛围。

（3）播放轻柔的背景音乐，帮助孩子进入放松状态。

2.正念引导

家长引导语如下。

现在，请舒服地坐好，轻轻闭上双眼。把脚平放在地上，感受呼吸时空气进出鼻子。深深地吸气，慢

慢地呼气，让身体放松下来。（引导深呼吸）

现在想象你心里充满了爱的能量。你可以爱世界上所有美好的事物。

想象大自然中你喜欢的东西，如一朵花或一棵树。轻轻地拥抱它，感受它也回应着你的爱。（语气温柔）

接着，想象拥抱一只温顺的小动物，感受它温暖的体温和心跳。它在你的怀里很安心，也把温暖传递给你。

现在，拥抱你最爱的人，可能是你的爸爸、妈妈，也可能是你的好朋友。感谢他们给你的爱，也把你的爱传递给他们。（语速放慢）

想象很多年以后，你会明白，能拥有彼此的爱是多么珍贵。

现在，再来做几次深呼吸。吸气时，对自己说："我感恩生命中有你。"呼气时，对自己说："我们要珍惜在一起的时光。"

好了，现在慢慢活动手指和脚趾，轻轻睁开双眼。（结束冥想）

刚才的冥想感觉如何？你感受到爱的流动了吗？

拥抱时的感受是怎样的？愿意和我分享你的体验吗？

（分享感受）

家长小贴士

1. 用温和鼓励的语气引导。

2. 无条件接纳孩子的所有感受，避免评判性语言。

3. 家长可以一起参与，分享感受。

4. 建议定期练习，巩固效果。

延伸活动

1. 现实拥抱：鼓励孩子给亲人真实的拥抱。

2. 制作抱枕：做一个专属的"爱的抱枕"。

游戏 30　播下快乐种子：乐观品格

乐观就像种子，能在心田中生根发芽，开出灿烂的花朵。乐观让孩子在面对生活的小挑战时，依然保持阳光的心态，发现生活中的无尽美好。在"播下快乐种子"游戏中，孩子将成为快乐的小园丁，学会在心中种下乐观的种子，用积极的眼光看待生活。

游戏目的

1. 培养乐观心态：帮助孩子保持积极心境。

2. 发现日常快乐：提升幸福感。

3. 增强解决问题能力：用积极态度面对困难。

4. 增进亲子互动：加强情感交流。

扫码收听

游戏步骤

1. 准备阶段

（1）布置温馨的"快乐角"（可用彩色垫子、抱枕和喜欢的玩具装饰）。

（2）适当调暗灯光以营造放松的氛围。

（3）播放欢快的轻音乐。

2. 正念引导

家长引导语如下。

宝贝，找个舒服的姿势坐好，轻轻闭上双眼，想象你坐在美丽的花园里。

吸气，吸入花园的新鲜空气，感觉身体像蝴蝶一样轻盈；呼气，就像吹一株蒲公英。（引导深呼吸）

现在，你手里有闪闪发光的快乐种子，每粒种子都代表一件开心的事。选一粒你最喜欢的种子，轻轻地将它种在花园的土壤里，感受它在土壤里慢慢发芽，成长为一朵美丽的花朵。（带动想象）

每天，你都要用爱心和微笑给这些鲜艳的花朵浇水，让它们茁壮成长。

当你遇到开心的事情时，就像给花朵浇水，让它们开得更鲜艳；如果有时你感到不开心，也没关系，就像花朵需要休息一样，这时你可以用深呼吸和积极的想法来照料它们，让它们重新绽放。（语气舒缓）

现在和花园里的花儿朋友一起玩耍，感受快乐和温暖。

接下来，深呼吸三次。吸气时，对自己说："我选择快乐。"呼气时，对自己说："一切都会更好。"（引导深呼吸）

好了，慢慢活动身体，轻轻睁开双眼。（结束冥想）

你在快乐花园里种下了什么种子？愿意分享你和花儿朋友的快乐时光吗？（分享感受）

家长小贴士

1. 用温和鼓励的语气引导。

2. 无条件接纳孩子的所有感受。

3. 家长可以一起参与，分享快乐时刻。

4. 建议定期练习，巩固乐观心态和幸福感。

延伸活动

1. 制作"快乐之花"：家长可以和孩子一起制作"快乐之花"，在纸的下方画上花盆形状，在花盆里画上快乐种子。每发生一件快乐的事，就在花盆上方画一朵花，或者给花涂色，让花朵渐渐繁盛（见附录 6）。

2. 每日快乐时刻：家长与孩子每天晚上一起分享当天发生的让自己感到快乐的事情，积累快乐的回忆，增强积极情感联结。

3. 制作"乐观手账"：家长可以和孩子一起制作一本"乐观手账"，里面可以贴上自己喜欢的照片、图片、贴纸，或者写下积极的话语和记录日常快乐时刻。随时翻阅"乐观手账"，保持乐观心态。

经过几周的正念冥想练习后，壮壮（化名）的行为和情绪管理能力有了明显改善。在课堂上，他发脾气的次数明显减少，在遇到不开心的事情时，他不再像以前那样冲动打人，而是学会了先停下来深呼吸，然后用语言表达自己的想法和需求。

最令人欣慰的是，壮壮妈妈发现家里的氛围变得轻松和谐了许多。壮壮的情绪不再像过去那样容易波动，整个家庭的相处方式变得更加积极正向。通过持续的正念练习，壮壮不仅提升了情绪调节能力，还培养了同理心和自我控制力，整个人也变得更加自信开朗。

正念冥想为壮壮提供了一个认识自我、理解他人的新视角。这让他在情绪波动时能够保持冷静，在人际交往中学会尊重与配合。他逐渐摆脱了"暴躁易怒"的习惯，开始成长为一个懂得关爱自己、体谅他人的孩子。

老师和家长都注意到了壮壮的进步。老师反映问题的次数越来越少，而表扬的次数则不断增多。这些积极的反馈形成了良性循环，进一步强化了壮壮的正向行为。看到孩子一天天进步，壮壮妈妈终于放下了心中的担忧。

　　这段成长历程让我们看到，正念练习就像一束温暖的光，在潜移默化中滋养着孩子的心灵，帮助他们找到内心的平静与力量。壮壮的改变，正是正念冥想促进儿童心理健康的生动例证。

第 4 章

日常生活中的正念练习

在我的心理咨询工作中，遇到过许多带着不同故事的孩子。那是一个初秋的清晨，空气中带着微微的凉意，窗外不时飘来阵阵桂花香。这次来到咨询室的，是一个成绩优异却总是心不在焉的六年级女孩——小朵（化名）。

小朵在学校表现十分出色，不仅学习成绩名列前茅，还积极参与各类课外活动，是老师和同学们眼中的"优等生"。然而，这个看似完美的"小明星"，却有着令人担忧的饮食习惯。她对食物异常挑剔，常常只吃几口就放下筷子，尤其抗拒蔬菜，反而特别偏爱甜食和零食。

小朵的家庭环境看似理想：母亲李女士是位全职主妇，父亲是科技公司的工程师。尽管工作繁忙，父母都尽力为她营造温馨的家庭氛围。但随着青春期的到来，小朵的问题逐渐显现——除了饮食问题，她的情绪也开始波动，变得易怒，不愿与家人沟通。

虽然表面上依然光鲜亮丽，但小朵的眼神中常常流露出疲惫和焦虑。老师也反映，她在课堂上有时会走神，注意力难以集中。经过医院检查，排除了器质性疾病的可能性，医生建议进行心理咨询，这才来到了我的工作室。

通过多次咨询，我发现小朵的饮食问题并非简单的挑食行为。深入交流后了解到，随着年级升高，学业压力与日俱增，父母和老师的高期望让她感到不堪重负。她害怕成绩下滑，担心辜负父母的期待，于是不自觉地通过控制饮食来缓解内心压力。

针对小朵的情况，我制定了循序渐进的正念干预方案：

- 从基础的正念呼吸练习开始，帮助她学习情绪调节；
- 引导她认识并表达内心感受，而非通过饮食问题来发泄；
- 建议父母调整家庭互动模式，给予孩子更多的情感支持而非学业压力；
- 建立良好的正念饮食习惯，逐步改善她的挑食问题。

正念呼吸

游戏 31 我的肚子里有个气球

"我的肚子里有个气球"是一项简单有效的呼吸练习，能帮助儿童掌握深呼吸技巧，实现身心放松与情绪管理。通过形象化的想象练习，儿童可以更好地学习自我调节方法，在需要时获得平静与安全感。

游戏目的

1. 学习呼吸技巧：引导儿童掌握深呼吸方法，帮助其缓解紧张、焦虑等情绪。

2. 情绪管理：通过具象化想象，促进儿童理解并调节自身情绪状态。

3. 增强专注力：培养儿童的注意力集中能力与自我

控制力。

4. 促进亲子互动：加强亲子间的情感联结与沟通理解。

扫码收听

游戏步骤

1. 准备阶段

（1）选择安静、舒适的环境，确保不受干扰。

（2）适当调暗灯光以营造放松的氛围。

（3）播放轻柔的背景音乐，帮助孩子进入放松状态。

（4）让孩子选择站立、坐姿或躺卧等舒适姿势。

2. 正念引导

家长引导语如下。

现在请找个舒服的姿势，轻轻闭上双眼。用鼻子深深地吸气，感受小肚子慢慢鼓起，就像充气的气球；然后用嘴缓慢地呼气，感受小肚子瘪下去。你可以把手放在肚子上，随着呼吸感受腹部的起伏。（引导深

呼吸）

现在，我们一起数数呼吸：吸气时数一，二，三；呼气时数三，二，一。（引导深呼吸）

重复这个呼吸节奏五次，每次呼吸都带来更多平静。

想象吸气时肚子里的气球慢慢变大，呼气时气球慢慢缩小。（语速放缓）

吸气时，新鲜能量充满全身，让你感到快乐又安全。（语调温和）

呼气时，所有烦恼都随着气球里的空气溜走了。（释放烦恼）

保持这样的呼吸，感受越来越放松。

如果想更放松，呼气时可以轻轻发出"嘶——"的声音。（示范声音）

现在慢慢恢复正常呼吸，轻轻睁开双眼。（结束冥想）

刚才练习时，气球变大、缩小的感觉有趣吗？你愿意和我分享呼吸时的感受吗？（分享感受）

家长小贴士

1. 用温和鼓励的语气引导。

2. 无条件接纳孩子的所有感受，避免评判性语言。

3. 家长可以一起参与，以身示范加深孩子的认同感。

4. 建议定期练习，巩固深呼吸技巧。

延伸活动

1. 吹气球游戏：家长和孩子使用安全的气球进行吹气球比赛，在游戏中增强呼吸控制能力和肺活量，强化深呼吸技巧。

2. 气息绘画：家长引导孩子用吸管吹动彩墨作画，观察呼吸力度与图案变化的关系。

游戏 32　蝴蝶呼吸法

蝴蝶是轻盈美妙的生物，其翅膀扇动的韵律与人类呼吸的节奏有着天然的相似性。"蝴蝶呼吸法"通过将蝴蝶翅膀的运动与呼吸结合，帮助儿童建立呼吸节奏感，在提升专注力的同时达到身心放松的效果。

游戏目的

1.培养呼吸节奏感：通过模仿蝴蝶翅膀运动建立呼吸节律。

2.促进身心放松：利用节律性呼吸激活副交感神经系统。

3.增强专注能力：通过动作—呼吸协同训练提升注意力。

扫码收听

游戏步骤

1. 准备姿势

（1）保持坐姿端正，双脚平稳触地。

（2）轻轻闭上双眼，感受自然的呼吸状态。

（3）双手呈祈祷姿势置于下颌下方。

2. 正念引导

开始呼吸练习，家长引导语如下。

现在开始配合呼吸节奏活动肘关节，深深地吸气，同时缓慢上抬肘部至水平位置；缓缓地呼气，同时匀速回落肘部至起始位置。（引导深呼吸）

肘部如同蝴蝶翅膀规律扇动，吸气时展翅，呼气时收翅。

重复 3～5 个呼吸周期。

随着呼吸和手臂的扇动，感受周围空气的流动，你会感到全身都放松了，变得轻盈，就像一只小蝴蝶在花丛中飞舞。

逐步减缓动作幅度，恢复自然的呼吸节奏，轻轻活动手指关节，缓慢睁开双眼。（结束冥想）

家长小贴士

1. 保持引导语节奏与呼吸频率一致。

2. 首次练习时，家长可进行动作示范，帮助孩子更好地理解和模仿。

3. 注意观察孩子的适应情况，适时调整动作或暂停练习。

4. 闲暇时可以随时练习蝴蝶呼吸法，帮助孩子养成良好的呼吸习惯。

延伸活动

1. 蝴蝶舞蹈：结合蝴蝶呼吸法，家长和孩子一起编排简单的蝴蝶舞蹈动作。孩子可以自由发挥，模仿蝴蝶飞舞的姿态，随着呼吸节奏轻盈地舞动。

2. 蝴蝶手工制作：家长可以和孩子一起制作纸蝴

蝶，使用彩纸、剪刀和胶水，增强孩子的动手能力和创造力。

3. 自然探索与观察：家长可以带孩子到户外观察真实的蝴蝶，了解它们的生活习性，观察翅膀的扇动过程，感受大自然的美好。

游戏 33　纸船之旅

"纸船之旅"游戏通过可视化道具（纸船）辅助儿童观察腹式呼吸时躯干的起伏变化，就像一艘小船随海浪轻轻摇晃，从而建立呼吸—身体觉知联结，达到放松效果。

游戏目的

1. 掌握腹式呼吸法：通过腹式呼吸更好地体验身体和呼吸的联结。

2. 放松身心：通过呼吸调节自主神经系统，舒缓压力和紧张情绪。

3.提高专注力：在呼吸的过程中分心时，通过观察纸船再次回到当下。

扫码收听

游戏步骤

1. 准备阶段

（1）家长和孩子一起动手折几只小纸船。

（2）可以在地板、沙发或床上进行该游戏，营造"海洋"环境。

（3）让孩子躺下，双手放在身体两侧，将纸船放在孩子的小腹上。

（4）在孩子的头下面垫个小枕头，便于其清晰地观察小腹上的纸船变化。

2. 正念引导

家长引导语如下。

现在想象你的身体是一片宁静的海洋，纸船正停泊在这里。

我们开始深呼吸，深深地吸一口气，让肚子慢慢鼓起，纸船像涨潮时一样上升；然后缓缓地呼气，肚子慢慢收回，纸船像退潮时一样下降。（引导深呼吸）

随着继续深呼吸，观察纸船的起伏，就像海浪轻轻推动小船，吸气时小船浮起，呼气时小船落下。

请留意每一次吸气、呼气时的声音，像海浪的声音。（示范声音）

如果你出现分心，把注意力再次带回到纸船上，观察纸船随呼吸上下起伏的变化。

保持这样的深呼吸，感觉身体越来越轻松，仿佛整个人都融入了海洋的怀抱中。

就这样，在舒缓的状态下停留一会儿，享受身心放松的美好时刻。

现在慢慢恢复自然的呼吸，轻轻活动手指和脚趾。（结束冥想）

小船今天的航行顺利吗？你的身体感觉如何？（分享感受）

 **家长小贴士**

1. 家长在引导孩子时，语气要轻柔、缓慢，给孩子足够的安全感和放松空间。

2. 孩子如果不熟悉腹式呼吸，家长可先用手轻按腹部进行引导，也可先尝试简单的呼吸方式，让孩子慢慢接受。

3. 紧张时或睡前都可以进行"纸船之旅"游戏，帮助孩子更好地放松和入睡。

 **延伸活动**

1. 亲子互动：家长和孩子一起练习，互相观察对方的"小船"。

2. 创意绘画：家长可以让孩子画出纸船的"航海故事"，增强想象力。

3. 玩具替换：用毛绒玩具代替纸船，增加游戏的趣味性。

正念饮食

游戏 34　慢慢咀嚼

"慢慢咀嚼"是一项通过细致感官体验帮助儿童探索食物丰富性的正念练习。在现代快节奏的生活中，儿童常常在进食时分心，难以真正品味食物。本活动采用"葡萄干冥想"技术，引导儿童专注进食过程，培养正念饮食意识，建立与食物的健康联结。

游戏目的

1. 培养正念饮食：帮助儿童在进食时保持专注，体验食物的完整感受过程。

2. 增强感官觉知：通过五感（视觉、触觉、嗅觉、听觉、味觉）全面感知食物特性。

3. 促进健康饮食：养成细嚼慢咽的习惯，改善消化吸收与饱腹感调节。

4. 增进亲子互动：通过共同参与正念饮食活动，加强亲子情感连接。

扫码收听

游戏步骤

1. 准备阶段

（1）准备适量葡萄干或其他小型干果，确保食品安全卫生。

（2）选择安静、无干扰的用餐环境。

（3）准备洁净的小碟盛放食物。

2. 正念引导

家长引导语如下。

请轻轻拿起一颗葡萄干，放在掌心感受它的重量。（示范动作）

仔细观察这颗葡萄干：它的颜色像什么？表面有什么纹路？形状有什么特别之处？好像是从外星球来

的神奇食物哦！（引导视觉体验）

现在用指尖轻轻触摸：感受它的质地是柔软还是坚硬？表面是光滑还是粗糙？（引导触觉探索）

现在，闭上双眼，再次用手触摸葡萄干，感受它的不同。（强化触觉）

接着，睁开双眼，把葡萄干放在鼻子下面，用鼻子深深吸气，能闻到什么特别的香气吗？（引导嗅觉体验）

把葡萄干靠近耳朵轻轻揉搓，听到什么特别的声音吗？（引导听觉关注）

现在，将葡萄干放入口中，但先不咀嚼，用舌头感受它的形状和质地。（引导口腔感知）

现在开始慢慢咀嚼，注意味道是如何变化的？感受每一次咀嚼的不同。（引导味觉体验）

吞咽时注意食物通过喉咙的感觉。（引导身体觉察）

最后，让我们一起感谢自然赐予的食物，感谢为此付出劳动的人们。（培养感恩意识）

家长小贴士

1. 家长在引导孩子时，语气要轻柔、缓慢，给孩子足够的安全感和放松空间。

2. 采用开放式提问，例如，"你注意到什么有趣的现象吗？"

3. 家长应同步参与示范，建立平等互动模式。

4. 引导孩子对普通食物产生新奇感，专注"慢慢咀嚼"练习，养成细嚼慢咽的健康饮食习惯。

延伸活动

1. 食物探索：家长引导孩子依次尝试坚果、水果等不同质地的食物。

2. 烹饪实践：亲子共同制作简单的餐点，全程保持正念状态。

3.感恩仪式：全家人在餐前进行 30 秒感恩静默，培养感恩意识。

4.饮食日记：家长鼓励孩子记录每日正念饮食的发现与感受。

游戏 35 我饿了，我饱了

"我饿了，我饱了"是一项专为儿童设计的正念饮食游戏，旨在帮助儿童识别和理解身体的饥饿与饱足信号。通过在餐前和餐后分别进行体验，儿童将学会感知身体需求，培养健康的饮食行为，提升自我觉察能力，并理解进食带来的身体感受变化。

游戏目的

1.识别身体信号：帮助儿童辨别饥饿与饱足的身体感受差异。

2.培养正念觉知：引导儿童关注进食前后的身体状

态，减少情绪性进食。

3.促进健康饮食：建立根据身体实际需求调节进食量的能力。

扫码收听

游戏步骤

1.准备阶段

（1）选择餐前 5 分钟和餐后 30 分钟内进行。

（2）确保儿童处于舒适、放松的坐姿。

2.正念引导

餐前家长引导语如下。

现在让我们做个身体小侦探。先闭上双眼，做三次深呼吸，吸气时，小肚子鼓起来；呼气时，小肚子收回去。（引导深呼吸）

把小手轻轻放在肚子上，感觉肚子现在是空空的还是有点满？有没有咕噜咕噜的声音？这种感觉可以用什么词语形容？（引导感觉）

记住现在的感觉，这就是身体在说"我饿了"。

慢慢睁开双眼，准备开始用餐。把注意力带到食物上，观察食物，慢慢咀嚼，体会各种食物带给你不同的味蕾感受，以及给你的肚子带来的变化。

扫码收听

（结束冥想）

餐后家长引导语如下。

用餐后，我们再来感受身体信号。同样先闭上双眼，做三次深呼吸，小手放回肚子上，现在的感觉和吃饭前有什么不同？是舒服的满足感还是太撑了？如果用形状或物品表示现在的感觉，会是什么呢？（引导感觉）

记住现在的感觉，这就是身体在说"我饱了"。

慢慢睁开双眼，记住这两个不同的信号，它们都是身体的重要语言。（结束冥想）

3. 讨论与分享

（1）使用"我注意到……"句式分享各自的饮食感受。

（2）比较餐前、餐后的身体变化。

（3）讨论最喜欢的食物带来的满足感。

 **家长小贴士**

1. 使用游戏化语言增强趣味性。

2. 家长应以身作则，示范如何描述身体感受。

3. 采用"三明治反馈法"，即先肯定观察，再引导思考，最后给予鼓励。

4. 记录孩子描述身体感受的词汇变化。

 **延伸活动**

1. 味觉大冒险：家长引导孩子尝试在食物中寻找五种不同味道（甜、咸、酸、苦、鲜）的食物，帮助孩子识别和体验各种味觉。

2. 亲子慢食竞赛：亲子比赛谁能最慢地咀嚼并品尝食物，培养孩子的耐心和细嚼慢咽的饮食习惯。

3. 创意表达：家长和孩子一起画出自己最喜爱的食物，增强对食物的视觉认知。

游戏 36　感恩食物

食物是人类赖以生存的重要资源，它不仅提供身体所需的营养和能量，更承载着文化传承和情感联结的意义。"感恩食物"旨在帮助儿童建立对食物的珍视意识，理解食物从生产到餐桌的完整过程，培养感恩的生活态度，同时增强对食物的尊重与保护意识。

游戏目的

1. 培养感恩意识：引导儿童认识食物的价值，形成感恩的饮食习惯。

2. 提升正念觉知：通过冥想增强对饮食过程的专注与觉察能力。

3. 促进健康饮食：帮助儿童建立对食物质量和多样性的关注。

4. 加强亲子互动：通过共同冥想增进家庭成员间的情感交流。

5. 树立环保观念：理解食物生产与自然环境的关系，培养生态意识。

扫码收听

游戏步骤

1. 准备阶段

（1）选择安静、舒适的环境，确保不被打扰，最好是在用餐前或用餐后进行。

（2）可以调暗灯光，点燃香薰蜡烛，播放轻柔的背景音乐，帮助孩子放松。

（3）准备一些孩子熟悉的食物，如水果、蔬菜或小零食，作为冥想的视觉辅助。

2. 正念引导

家长引导语如下。

现在请选择舒适的姿势坐好，保持后背自然挺直，双脚平放在地面上。（示范标准坐姿）

轻轻闭上双眼，做三次深呼吸，吸气时，感受空气进入鼻腔；呼气时，感受肩膀下沉。（引导深呼吸）

想象你最喜欢的食物就在眼前，它有着怎样的颜色和形状？散发出什么样的香气？（语气温和）

让我们追溯它的生命历程，从种子在土壤中萌芽，

到阳光雨露的滋养；经过农民辛勤的培育，运输工人的劳作；最后来到我们的餐桌上。（语气充满敬意）

现在用手指轻轻触碰食物，感受它的温度和质地，想象它的营养和美味。（引导触觉体验）

当我们享用食物时，每一口都在为身体提供能量，让我们长得更高，变得更聪明。（能量提升）

现在，请在心里说：感谢大自然的馈赠，感谢每一位付出劳动的人，我会珍惜每一份食物。（虔诚的语气）

当你准备好时，慢慢睁开双眼，带着这份感恩结束这次的冥想。（结束冥想）

3. 分享与交流

（1）使用开放式提问："食物让你联想到什么画面？"

（2）引导具体表达："最想感谢哪个环节的工作者？"

（3）分享个人感受："妈妈每次做饭时都在想……"

家长小贴士

1. 用温柔、鼓励的语气，引导孩子进入冥想状态。

2. 尊重孩子的感受，无论孩子分享什么感受，都给予肯定和理解，避免评判。

3. 确保环境温馨、安全，让孩子感到舒适。

4. 家长以身作则，示范感恩言行。

5. 冥想结束后，家长可以让孩子带着对食物的感恩之情，享用面前的食物。

延伸活动

1. 感恩餐桌仪式：每天晚上在餐桌旁，每个人轮流分享自己的感恩之情，家长应鼓励孩子在日常小事中提升感恩意识。

2. 参观农场或食品工厂：如果条件允许，家长可以带孩子参观农场或食品加工厂，亲身体验食物的生长或生产过程，增强对食物的尊重和感恩。

3. 环保行动：家长应教育孩子避免浪费食物，指导其合理储存和使用食物，培养环保意识和责任感。

正念探索

游戏 37　模拟薄冰上行走

"模拟薄冰上行走"是一项结合想象与动作的正念游戏，旨在通过模拟在薄冰上行走的情境，帮助儿童提升专注力、平衡能力和自我控制力。在这项游戏中，儿童将学习如何通过缓慢、谨慎的动作，增强对身体感觉的觉察和专注能力。

游戏目的

1. 增强专注力：通过情景模拟培养持续的注意力。

2. 提升平衡感：改善身体协调性和平衡控制能力。

3. 培养自我控制：建立动作调节和情绪管理能力。

4. 促进身体意识：加强对肢体动作的感知和理解。

5. 提升正念能力：培养行动中的专注与平静状态。

扫码收听

游戏步骤

1. 准备阶段

（1）选择一个宽敞、平坦的空间，确保地面安全，无障碍物。

（2）可用浅色地垫或胶带标记"冰面"区域。

（3）播放自然环境音效（如风声），营造放松的氛围。

2. 引导活动

家长引导语如下。

现在，请像小树一样笔直地站立，双脚分开与肩膀同宽，双手自然下垂。（示范姿势）

做三次深呼吸，吸气时，想象身体像气球充气；呼气时，像羽毛般飘落。（引导深呼吸）

想象你站在结冰的湖面上，阳光下的冰层闪闪发亮，但有些地方很薄。

我们要像小企鹅那样小心行走，先抬起右脚，像踩在蛋壳上一样轻轻落下。感受脚掌与冰面接触时的压力分布。（示范企鹅步，放慢语速）

现在换左脚，保持身体像不倒翁一样稳定。（双手张开保持平衡）

行走时，膝盖要像弹簧一样柔软，眼睛看向前方固定点，呼吸保持均匀流畅。

如果感觉摇晃，就暂停做次深呼吸，吸气时，向上伸展；呼气时，向下扎根。（配合呼吸动作）

恭喜你安全通过了冰面！（愉快语气）

现在慢慢停下来，感受身体的轻松感。

3. 分享与交流

（1）使用具体提问："哪一步最难保持平衡？"

（2）引导比较："在'薄冰'上行走和平常走路有什么不同？"

（3）分享策略："妈妈晃动时会……"

 **家长小贴士**

1. 采用"我看见……"句式给予具体反馈。

2. 示范时可适当夸张动作以增强示范效果。

3. 记录每次练习的持续时间与平衡表现。

4. 根据孩子年龄调整"冰面"面积和练习时长。

 **延伸活动**

1. 走迷宫：家长可以在地板上用胶带或其他标记物制作一个简单的迷宫，让孩子在迷宫中缓慢行走，专注于每一步的移动。这项活动可以进一步增强孩子的专注力和空间感知能力。

2. 瑜伽平衡姿势：家长引导孩子尝试简单的瑜伽平衡姿势，如树式，帮助其进一步提升身体的平衡感。在保持姿势的过程中，家长鼓励孩子关注自己的呼吸和身体感觉，保持内心的平静。

游戏 38　正念侦探

"正念侦探"是一项通过定向观察训练帮助儿童提升注意力、观察力和情绪识别能力的正念游戏。儿童将扮演侦探角色，在环境中寻找特定目标，从而培养对细节的敏感度和专注力。

游戏目的

1.提升注意力：通过专注于特定的颜色或图形，培养孩子的注意力集中能力。

2.增强观察力：训练对环境细节的敏锐觉察，发现平时可能忽略的细节。

3.促进情绪识别：通过寻找"情绪小伙伴"，发展情绪理解和表达能力。

4.增强正念能力：培养专注当下的心理状态。

扫码收听

游戏步骤

1. 准备阶段

（1）选择安全的户外场所，如公园步道、小区花园等。

（2）准备记录工具，如素描本或图画本、彩笔、手机或相机。

（3）确定当日探索主题，如颜色、形状或情绪。

2. 正念引导

家长引导语如下。

现在让我们变身成超级侦探，先做三次侦探呼吸，吸气时，充满力量；呼气时，放松身体。（引导深呼吸）

今天我们要寻找（根据主题选择）：

颜色任务：红色小精灵藏在哪里？

形状任务：圆形魔法符在哪里？

情绪任务：快乐能量从哪里散发？

每项任务具体引导如下。

颜色探索：用你的侦探眼睛扫描四周，找到所有红色的事物，记得用高度的专注力观察。

形状探索：注意环境中所有的圆形密码，可能是自然形成的，也可能是人类创造的杰作。

情绪探索：捕捉笑脸、欢呼声这些快乐信号，感受它们传递的正能量。

发现目标时，先暂停脚步做次深呼吸，然后观察目标的颜色、形状或情绪，最后用你喜欢的方式记录下来。（引导记录）

任务结束时，让我们开个侦探总结会，分享今天最特别的三个发现！

3. 分享与交流

（1）使用侦探术语："报告长官，最有趣的发现是……"

（2）引导具体描述："这个目标的特别之处在于……"

（3）关联情感体验："找到它时，你的心情如何？"

家长小贴士

1. 建议一次只选择一个目标，例如，今天出行，只寻找绿色。

2. 亲子共同参与活动，家长应示范如何专注观察和记录发现，增加互动与乐趣。

3. 根据孩子的兴趣和反应，灵活调整活动内容和难度，每次活动控制在 20 ~ 30 分钟。

4. 根据天气调整探索区域，如晴日在户外进行，雨天在室内进行。

延伸活动

1. 气味探险：识别花草、食物等不同气味特征。

2. 感官盒子：通过触摸盒内物品猜测其材质。

3. 自然观察员：记录树叶脉络、昆虫活动等细节。

游戏 39　声音浴冥想

"声音浴冥想"是一项通过专注听觉训练帮助儿童提升感知能力的正念游戏。儿童将化身为"声音雷达",通过系统化的听觉练习,培养对环境的觉察力、专注力和情绪调节能力。

游戏目的

1. 提升听觉觉察:增强对不同声源、音色和方位的辨识能力。

2. 培养专注力:训练持续性注意力和听觉过滤能力。

3. 促进情绪调节:通过声音刺激建立身心放松反应。

4. 发展自控能力:培养静默观察能力。

扫码收听

游戏步骤

1. 准备活动

(1)选择隔音良好的室内空间或安静的户外区域。

（2）准备一个铃铛、钵、木勺、碗或锅等能发出声音的物品。

（3）一个计时器或手机计时器。

2. 声音浴冥想

家长引导语如下。

请找一个舒适的坐姿，闭上双眼，深吸一口气，然后慢慢呼气，放松你的身体。

让我们一起安静下来，准备好成为"小雷达"，专注聆听周围的声音。

现在，我会敲响铃铛一次。当你听到铃声时，请仔细聆听，感受声音的每一个细节。当你听不到铃声时，请举手示意。（敲响铃铛，并让孩子聆听）

很好，当你不再听到铃声时，请保持安静，专注聆听现实中周围的声音。（等待约一分钟）

时间到了，请睁开双眼。你刚才听到了哪些声音？请和我分享一下。（结束冥想，分享感受）

我们再试一次，请你重新闭上双眼，专注于数一数铃铛响了多少次，以及声音来自左边还是右边。当

你数完后，请告诉我结果。（难度进阶）

铃声结束了，慢慢睁开双眼，回归现实。（结束冥想）

3. 聆听当下

在日常生活中，让我们聆听当下，例如，引导孩子在用餐或散步时专注地聆听周围的声音，并感受当下听到的声音，以及这些声音带给自己的感觉。散步时注意脚步的不同声响，把这些发现记在声音日记里。

4. 猫头鹰聆听训练

引导孩子变身夜间侦查员，像猫头鹰那样追踪声源。

家长引导语如下。

扫码收听

今天，我们要像猫头鹰一样聆听。猫头鹰的听觉非常敏锐，能够在黑暗中捕捉到细微的声音。

请你闭上双眼，深吸一口气，然后像猫头鹰一样，集中注意力，捕捉周围的声音。此时，你感觉自己的耳朵就是猫头鹰的耳朵，耳部的羽毛可以张开收集声波，你对声音变得特别敏锐。

试着区分远近不同的声音，甚至是很微小的声音。细细感觉这些声音的特点和不同之处。（先近后远，或者指定某个区域）

相信自己的听觉，因为你已经有了猫头鹰一样的耳朵，专注聆听，捕捉更丰富的声音。

你做得很棒，恭喜你，你的听觉越来越敏锐了，听觉专注力越来越厉害了，相信你更能专注地聆听课堂上的声音。

完成后，睁开双眼，请你写下或告诉我你听到了哪些声音，以及这些声音带给你的感觉。（分享感受）

5. 分享与交流

家长可采用开放式提问：今天的声音探险中哪个声音最让你惊讶？什么时候最难保持专注？在聆听过程中有没有发现平时忽视的某种声音？

家长小贴士

1. 用温和、鼓励的语气，引导孩子深入体验聆听活动。

2. 无论孩子在活动中表现如何，都给予积极的反馈和支持。

3. 家长可以和孩子一起进行聆听练习，示范如何专注聆听和记录发现，增强互动与信任。

4. 有时孩子可能难以集中注意力，家长应耐心引导，帮助其逐步提升听觉觉察力。

延伸活动

1. 自然声音探险：家长带孩子到户外，专注聆听自然界的声音，如鸟鸣、风吹树叶的声音、流水声等。鼓励孩子用绘画或记日记的方式记录其听到的声音，并讨论这些声音带给其什么感受。

2.声音故事：家长和孩子一起创造一个声音故事，利用不同的声音音效，来表现故事中的情节和角色。通过声音的变化，增强孩子的创造力和表达能力。

3.音乐冥想：播放不同类型的音乐，让孩子专注聆听音乐的节奏、旋律和乐器声。引导孩子描述其听到的音乐带来的情感和想象。

正念睡眠

游戏 40 身体扫描仪

身体扫描是一项引导儿童逐步关注身体各个部位的正念游戏，能够促进全身放松与自我觉察。通过这项游戏，儿童可以更好地感知自己的身体状态，学会识别和释放紧张情绪，改善睡眠质量，从而提升身心健康水平。

游戏目的

1. 促进全身放松：帮助儿童逐步放松身体各部位，缓解肌肉紧张与心理压力。

2. 增强身体觉察：培养对身体感觉的感知能力，提升自我觉察水平。

3. 改善情绪管理：通过身体放松调节情绪状态，释放负面情绪。

4. 提升睡眠质量：睡前练习有助于快速入眠，改善睡眠状况。

扫码收听

游戏步骤

1. 准备阶段

（1）选择安静、舒适的环境，睡前练习可安排在床上进行。

（2）适当调暗灯光，铺设软垫或地毯，播放轻柔的背景音乐。

（3）指导儿童平躺或坐姿，双手自然放置于身体两侧。

2. 正念引导

家长引导语如下。

现在请舒服地躺好或坐好，轻轻闭上双眼。用鼻子深深吸气，感受空气充满肺部，再用嘴缓缓呼出。（引导深呼吸）

继续保持这样的呼吸节奏，让身体慢慢放松下来。

想象有一条温暖的放松线，正从头顶开始慢慢向下移动，扫描你的全身。当它经过每个身体部位时，请感受那个部位逐渐放松：

现在放松线来到额头，让眉间的皱纹舒展开来；

移动到嘴和下巴，感觉嘴和下巴渐渐放松了；

放松线经过你的颈部，感觉颈部的肌肉完全放松；

现在来到肩膀，让双肩自然下沉；

接下来是你的胸部，感受胸部的每一次呼吸都带来更多的放松；

放松线滑过你的手臂，手臂变得轻盈而舒适；

现在放松线来到你的腹部，感受腹部的温暖和放松；

放松线经过你的背部，背部的每一块肌肉都在放松；

放松线移动到你的腿部，感受腿部的力量和放松；

最后，放松线到达你的双脚，双脚完全放松，整个身体都感到轻松舒适。（每个部位引导间隔 8 ~ 10 秒）

扫描完成后，感受全身像棉花一样轻盈柔软。（语气渐缓）

保持这样宁静、舒服的状态，可以直接进入甜美的梦乡；也可以慢慢睁开双眼，感受内心的平静和身体的放松。（结束冥想）

刚才的身体扫描感觉怎么样？身体的哪个部位感受到了最大程度的放松？在冥想过程中，有没有特别的感受或想法想要和我分享？（分享感受，睡前可省略此步骤）

家长小贴士

1. 使用平稳、柔和的语调引导。

2. 观察儿童的非语言反应，适时调整引导速度。

3. 建议固定练习时间，建立条件反射。

4. 尊重个体差异，允许跳过某些部位。

延伸活动

1.呼啦圈身体扫描：家长可以引导孩子想象一个呼啦圈，依次穿过身体各个部位，以达到全身放松的效果。

2.反向身体扫描：从脚部开始，慢慢放松到头顶。

3.放松枕：家长与孩子一起制作一个"放松枕"，作为孩子在需要放松时的工具。让孩子自由装饰放松枕，例如，鼓励孩子在枕头上画喜欢的图案或写下令人放松的词语。

游戏 41 飘浮云朵

"飘浮云朵"是专为帮助儿童睡前放松设计的正念游戏。通过引导儿童想象自己化身为云朵，在宁静的天空中飘浮，帮助他们在温暖安全的氛围中平复情绪，促进身心放松与睡眠质量提升。

游戏目的

1. 促进深度放松：通过温和的想象引导，帮助儿童缓解日间疲劳，进入放松状态。

2. 释放压力与焦虑：引导儿童将内心紧张随云朵飘散，减轻心理负担。

3. 改善睡眠质量：通过放松练习，帮助儿童更快进入睡眠状态，获得安稳休息。

扫码收听

游戏步骤

1. 准备阶段

（1）选择儿童卧室或其他安静舒适的环境，确保不受干扰。

（2）调暗室内光线。

（3）播放轻柔的背景音乐，如自然音效（如流水声或鸟鸣声）或轻音乐，音量适中。

（4）指导儿童平躺，身体自然舒展，双手置于身体两侧，轻轻闭上双眼。

2. 正念引导

家长引导语如下。

现在请舒服地躺好，轻轻闭上双眼。用鼻子深深吸气，再用嘴慢慢呼气。（引导深呼吸）

继续这样深呼吸，感受身体逐渐放松，心情慢慢平静。

想象你正躺在一朵柔软的云朵上，每次呼吸都让你更放松。云朵温柔地托着你，感觉舒适又安全。（语速放缓）

看，四周的云朵慢慢飘过，像蓬松的棉花糖。

天空阳光明媚，你感到温暖的阳光和柔和的微风轻拂你的肌肤，你感觉非常暖和、舒服。

如果你喜欢在高空的感觉，可以让你的云朵飞得更高。它非常安全，非常平静……你感觉非常宁静和放松。

你依偎在云朵深处，感觉就像在一个温暖的怀抱里。

你往下看，能看到什么呢？也许是房子的顶部、

绿色的田野和蜿蜒的河流。(引导想象)

你继续在云朵上飘浮,欣赏周围的风景……你现在更高了,空气很凉爽……你周围有更多的云,你惊喜地发现,你几乎可以触摸到它们。

你想去哪里呢? 也许你想停留在高山之上,或者想和小鸟一起在海洋上空翱翔;也许你想去城市的上空看看。你可以在云上去任何想去的地方。

请好好感受这一切。每一次呼吸都让你更放松,每一阵微风都带走你的疲惫。

感受云朵轻轻摇晃,带你进入更深的放松状态。

随着你在云朵上飘浮,你感觉自己的身体变得越来越轻,越来越柔软,就像云朵一样轻盈。

每一次呼吸都让你更加平静,身体的每一部分都感到温暖和舒适。(语调减缓)

3. 引导入睡

现在感觉眼皮慢慢变沉,即将进入甜美梦乡。(声调降低)

让所有烦恼随云朵飘走,只留下宁静与平和。(语

速更慢）

感受温暖和安全感包围着你，保护着你。（近乎耳语）

就这样自然、安心地入睡吧，祝你有美好的梦境。（结束引导）

 **家长小贴士**

1. 使用平稳柔和的语调引导。

2. 建议固定睡前时段进行，帮助孩子建立良好的睡前习惯。

3. 确保环境无电子设备干扰，保持安静氛围。

4. 尊重儿童个体差异，允许自主调整节奏。

延伸活动

1. 小白船冥想：家长可以把云朵替换成飘浮在平静湖面上的小白船，讲述四周优美的风景，如摇篮一般荡漾的感觉有助于孩子睡眠。

2. 爱的拥抱：在冥想结束后，家长给予孩子一个轻柔的拥抱，用温柔的话语表达对孩子的爱和支持，如"晚安，宝贝，愿你有个甜美的梦。"让孩子感受到持续的安全感和爱意。

游戏 42　海上落日

"海上落日"是一项通过夕阳与大海意象引导的放松游戏，借助温暖的金色光芒意象帮助儿童获得身心放松。这项游戏特别适合睡前进行，能有效利用自然意象的抚慰作用，为儿童入睡创造良好的心理状态。

游戏目的

1. 促进深度放松：通过想象黄昏海滩的场景，引导儿童在金色光芒的视觉化体验中逐步放松身心。

2. 释放压力与焦虑：利用"夕阳西下"的意象，帮助儿童象征性地释放日常积累的压力。

3. 培养正念意识：通过身体扫描与呼吸同步的练习，提升儿童的自我觉察能力和专注力。

4. 改善睡眠质量：温暖能量包裹的意象有助于儿童建立安全感，缩短入睡时间。

扫码收听

游戏步骤

1. 准备阶段

（1）选择儿童卧室或安静舒适的空间，准备平整的床铺或沙发。

（2）将环境光线调至昏暗状态，建议使用暖色调小夜灯。

（3）可选配自然音效背景音乐（推荐海浪声）。

（4）指导儿童采用仰卧位，双臂自然放置于身体两侧，轻轻闭上双眼。

2. 正念引导

家长引导语如下。

现在请想象自己站在黄昏时分的海滩上，脚下是温暖细腻的沙子。迎面吹来带着咸味的海风，耳边回荡着海浪轻柔的拍岸声。（语速放缓）

随着海平线上缓缓下沉的夕阳，那温暖的金色光芒也一点点往下移动。

随着你的吸气，这些光芒逐渐笼罩你的头顶；呼气时，感受它渗透进发丝。

现在光芒正慢慢下移：照亮你的额头，然后温暖你的脸颊，接下来环绕你的颈部，接下来包裹你的肩膀。（每个部位都停顿 5 ~ 8 秒）

注意你的胸腔随着呼吸起伏，金色能量在这里形成温暖的光团。

金色能量继续渗透：腹部逐渐柔软，背部紧贴支撑面，手臂下沉，指尖微微发热。（语调渐缓）

现在，金色能量向下移动到你的大腿、小腿，一直到你的脚和脚趾，你的全身都很温暖而柔软。

当夕阳完全沉入海平面时，感受残留的金色能量在你的脚底形成光晕。（音量逐渐降低）

此刻，你的身体像被温暖的羽绒被包裹，每个细胞都沉浸在宁静中。你渐渐地进入了自己美妙的梦境，晚安。（最后一句近乎耳语）

3. 冥想后的操作

若孩子仍清醒，家长可轻轻抚摸孩子的背或额头，温柔地说："晚安，宝贝，让海浪声陪你入眠。"

如果孩子已入睡，则保持环境稳定，15 分钟后再关闭背景音效。

家长小贴士

1. 采用温和、轻柔、低声的语调引导。

2. 建议在常规就寝时间前 20 分钟开始，形成条件反射。

3. 提前关闭电子设备，保持室温舒适。

4. 根据儿童反应灵活调整引导时长。

延伸活动

1. 绘制"海上落日"：在非入睡时间，家长可以与孩子一起使用彩笔、蜡笔或水彩笔画出"海上落日"的画面，让孩子描绘夕阳沉入海平面和金色能量的情境。

2. 海洋音乐背景：在冥想前或冥想中，播放大海声、海鸥叫声等真实的自然音效，帮助孩子更好地进入想象状态。

3. 安眠小物件：家长可以准备一个"金色能量小物件"（如金色小石头或太阳状饰品），让孩子在日常生活中感受到持续的温暖与力量。

几个月后，当我再次见到小朵（化名）时，她的气色明显好转，神情也更加开朗自然，举手投足间流露出难得的自信与从容。她的母亲欣喜地向我反馈，现在的小朵不仅会主动提出尝试新菜品，对各类营养均衡的食物也不再表现出抵触情绪。餐桌上的氛围变得轻松融洽，曾经剑拔弩张的"拉锯战"已不复存在。

在长达十多年的心理咨询实践中，我不断见证正念练习带来的积极改变。这种看似简单实则内涵丰富的练习，帮助我们回归当下，重新发现日常生活中的细微美好。当小朵开始像鉴赏艺术品般细细品味每一餐食物时，她的内心也逐渐获得了久违的平静与满足感。

正如我在长期的实践工作中反复验证的，正念冥想不仅是一种心理干预技术，更是一种值得培养的生活哲学。它引导孩子放慢节奏，调动全部感官去感受当下——用心灵聆听，用眼睛观察，用味蕾体会。正念为小朵注入了新的内在力量，也再次印证了我的专业观察：只要用心投入，生活中最平凡的日常也能绽放异彩，结出丰硕的果实。

第 5 章

正念放松与减压

初次见面时，小薇（化名）坐在沙发上，身体略显僵硬，神情中透露出疲惫与紧张。我以温和的语气询问："小薇，今天感觉怎么样？"

小薇略显迟疑，低头轻声回应："还好……就是睡不好。"

母亲张女士接过话题，轻拍女儿肩膀解释道："她几乎每晚都做噩梦，惊醒后就难以入睡，很害怕。她最近成绩下滑，我怀疑她是不是学习压力太大？"

我点头示意张女士少安毋躁，请她在外面等候，随后转向小薇："小薇，愿意和我聊聊你的噩梦吗？如果觉得太可怕，也可以简单描述。"

小薇紧握双手，声音微微发颤："我梦见自己在一条又长又暗的走廊里走，找不到出口。墙上挂着奇怪的脸，那些眼睛好像会动……它们盯着我、追着我，我想逃，但脚像被钉住一样动不了。然后……突然出现一个黑影，它伸手抓我……我想喊却发不出声音。"

说到这里，小薇开始轻微颤抖，仿佛重回梦境。她捂住脸，泪水夺眶而出。

　　我轻声安抚："别怕，小薇，你现在很安全。那个黑影伤害不了你。我们一起找出这些噩梦的原因，好吗？"

　　小薇从我的眼神中获得安慰，慢慢点头。她的情绪虽渐趋平稳，但恐惧感仍未完全消退。

　　小薇是一名四年级学生，性格乖巧，积极上进。最近几周，父母和老师发现她上课时常神情紧张、注意力涣散，甚至有同学看到她突然颤抖。更令人担忧的是，小薇夜间频繁惊叫醒来，满身冷汗，似乎经历了极度可怕的事情。

　　为帮助小薇表达内心感受，我递给她白纸和彩笔："试着画出梦里的场景或那个黑影。没有对错，不用担心画得好不好，把你看到的、感受到的画出来就好。"

　　小薇稍作犹豫后，在我的鼓励下开始作画。房间里只有笔尖划过纸面的沙沙声。灯光下，她的笔触时急时缓，仿佛随着记忆起伏。

　　片刻后，小薇指着完成的作品："这就是我梦到的地方……"画中是一条扭曲幽深的走廊，墙上挂着夸张变形的"脸"，每张脸上都绘有怪异的眼睛，走廊尽头是一片混沌的黑暗。

我轻声询问："那些脸和黑影，对你来说可能代表什么？"

小薇咬着嘴唇："我说不清楚……"

我继续引导："没关系，梦中的意象往往反映我们内心的感受或经历。那些脸和黑影可能在传递某些重要信息。我们可以慢慢解读。"

小薇抬头看我，眼中带着疑惑与期待。

我解释道："走廊可能象征你内心的某种处境，那些脸和黑影或许代表某些担忧或压力。你觉得这个梦和最近发生的事情有关联吗？"

小薇思索片刻，眼中泛起泪光："我不明白大家为什么这样对我，我只是希望被大家喜欢。"

通过深入交流，我了解到小薇的噩梦不仅源于学业压力，更深层的原因是她在班级中遭遇的人际关系困扰。这种被排挤的体验让她感到无助与恐惧，在潜意识中转化为噩梦。咨询结束后，我向张女士说明情况。

张女士焦急询问："人际关系问题？小薇在学校一直

很乖巧，怎么会有这种困扰？"

　　我解释道："小薇提到最近被部分同学孤立，不仅不和她玩耍，还在背后议论她。这种被排斥的体验让她深感孤独无助。梦中那条黑暗走廊象征她在学校面临的困境；那些会动的眼睛和黑影则反映了她对同学排斥行为的恐惧。"

　　张女士忧心忡忡："我们一直以为是学业压力，没想到还有这方面的问题。该怎么办？"我建议："关键要让小薇感受到家庭支持。你们可以多与她交流，了解学校真实情况，再与班主任深入沟通，解决她的人际关系问题，帮助她重建自信。同时通过正念练习和减压冥想，逐步缓解内心压力。"

游戏 43　神奇画家

通过这个冥想游戏，孩子能够学会尊重并珍视自己内在的感受与想法。他们将学会课题分离，逐渐理解，每个人对人生的选择都是独特而有价值的，不必因他人的评价而改变。这样，孩子不仅能增强自信心，也能在日常生活中更从容地应对外界的意见，坚定地创造属于自己的世界。

扫码收听

游戏步骤

1. 准备阶段

（1）选择一个安静、舒适的地方。

（2）孩子可以坐在地上、椅子上，或躺在床上，保持放松的姿势，轻轻闭上双眼。

（3）如果闭眼让孩子感到不适，可以让他们将视线轻轻垂下或保持半睁状态。

2. 正念引导

家长引导语如下。

嗨，神奇画家！今天我们要在想象中画一幅特别的画。在这幅画里，你是主角，用自己喜欢的颜色描绘世界吧！

现在想象你手里有一支神奇的画笔，它能画出任何你想要的东西。你想画一个什么样的自己呢？用什么颜色？闪闪发光的金色，还是像大海一样的蓝色？这是你的画，你可以自由选择！

你完成了画作，如果有人看了你的画说："哇，这个颜色好奇怪！"或者"我不喜欢你画的样子！"没关系，这是你的画，你说了算！就像你用积木搭城堡，只要自己开心就好，对吗？

现在，画一个开心的笑脸，就像阳光一样灿烂。

如果有人告诉你："你应该画得更酷一点！"没关系！你的笑脸是独一无二的，不需要别人批准。它代表你心里的快乐，就像你最喜欢的玩具，你喜欢就好，对不对？

接着，画一颗闪闪发光的星星，它代表你的梦想。如果有人评价："这个梦想太小了或太难实现了！"没关系，这是你的星星，它在你心里闪耀。只要你相信它，就像种下一颗种子，终有一天会长成大树，对吗？

现在深吸一口气，然后缓慢地呼气，把所有不开心的想法轻轻吹走，就像吹散蒲公英一样。记住，神奇画家，你的画属于你自己，你的颜色由你决定。别人的话就像风，吹过就过去了，不会影响你的创作。

你的想法和感受，都是珍贵的颜色。不要让别人的看法影响你的创作。你是最棒的！

现在慢慢睁开双眼，看看周围的世界。是不是感觉更自信了？我们的冥想游戏结束了，但你可以继续在现实中描绘属于你的世界。（结束冥想）

3. 分享与交流

我们想象了别人可能有的不同看法，你觉得那些

看法重要吗？为什么？（引导孩子区分"我的想法"和"别人的看法"，强化课题分离的概念）

以后如果遇到类似的情况，有人说了和你不同的意见，你可以用今天学到的什么方法来帮助自己呢？

家长小贴士

1. 家长用柔和、平稳的声音引导孩子，让其感到安全和放松。

2. 孩子的专注力不同，如果孩子分心或困惑，可以轻声鼓励，或适当缩短冥想时间。

3. 家长可以和孩子一起想象"自己会选什么颜色""画什么样的笑脸或如何呈现自己的梦想"，示范尊重与包容，增进亲子互动。

4. 当孩子分享想法时，给予正面回应和鼓励，让孩子感受到肯定与支持。

延伸活动

1.彩绘小册子：家长可以鼓励孩子把冥想中想象的画面画出来，制作成"梦想相册"或"自我肯定小册子"。

2.心愿瓶：准备一个透明瓶子，孩子可以把梦想或积极想法写在纸条上放进瓶子里，随时回顾、鼓励自己。

3.小小分析师：针对具体事件，家长可以引导孩子写下自己的看法和别人的看法，和父母一起分析、讨论。

游戏 44　浮舟漫游

"浮舟漫游"是一项旨在帮助儿童放松身心、缓解压力、提升专注力与情绪调节能力的正念游戏。在游戏中，儿童将通过想象乘船漫游于宁静的江面的情景，体验内心的平静与安宁。

游戏目的

1. 放松身心：通过呼吸调节与意象引导，帮助儿童缓解身心压力。

2. 情绪管理：培养儿童在冥想中觉察与调节情绪的能力。

3. 增强自我接纳：促进儿童自我认同与价值感的建立。

扫码收听

游戏步骤

1. 准备阶段

（1）选择安静、舒适的环境，确保不受干扰。

（2）适当调暗室内灯光以营造温馨氛围。

（3）可播放轻柔的自然音效。

2. 正念引导

家长引导语如下。

现在请选择一个舒适的姿势坐下或躺下，轻轻闭上双眼。用鼻子深深吸气，感受气息充满肺部；再用嘴缓缓呼气，体会身体放松的感觉。（引导深呼吸节奏）

注意你的身体在每次深呼吸时是如何变化的。每次吸气时，感觉腹部在上升；每次呼气时，感觉腹部在下降。你可以把手放在腹部，感受这种节奏。

现在，请跟着我一起想象。你面前是一条波光粼粼的大江，你正站在岸边，江水非常清澈，对岸的青山被缭绕的烟雾轻轻覆盖。

江边停着一艘小木船。你轻轻登上船，船开始缓缓地顺着江水前行。船身微微摇晃，就像一个轻柔的摇篮，随着你的呼吸轻轻摆动。你感到非常舒服。

两岸是一排排白墙黑瓦的乡村房屋，干净整洁，仿佛一幅美丽的画卷。远处，水墨般起伏的山峦与飘动的白云在蔚蓝的天空下交相辉映。

这些美景都倒映在如镜般的江面上，天空与大江仿佛融为一体，明亮而安宁。

你的小船静静地浮在江面，载着你轻轻驶向更美丽的远方。小船继续慢慢前行，你可以尽情想象船外的美景。

小船就像你的心，你守护着它，让它随着意识的水流漂荡。没有任何压力和束缚，你感到无比的轻松和愉悦。

现在，你的小船漂到了哪里？你看到了什么？请好好地感受这一切，享受这段美妙的旅程。

现在，想象小船慢慢靠岸，你慢慢地走下小船，回到现实中。做三次深呼吸后，感受放松与平静。慢慢地睁开双眼，轻轻地活动手指和脚趾。（结束冥想）

能和我分享你在想象中看到的景色吗？这段冥想让你有什么特别的感受？当你有压力或烦恼时，可以用这种方法让自己回到那个美妙的空间，重新回归内心的平静。（开放性问题，分享感受）

 **家长小贴士**

1. 引导时保持语速平缓。

2. 使用"我注意到……"等非评判性语言反馈孩子的分享。

3. 家长可同步练习，示范正念状态。

4. 建议定期练习，逐步提升放松和减压的能力。

 **延伸活动**

1. 自然冥想：家长可以带孩子到户外，在森林、江河、湖泊等美丽、宁静的风景中进行实地冥想，增强对自然的感知和欣赏。

2. 情绪日记：家长可以鼓励孩子记录冥想前后的情绪变化。

游戏 45　放飞烦恼气球

这是一项通过意象引导与情绪外化技术，帮助儿童缓解负面情绪、提升自我觉察与情绪调节能力的游戏。在游戏中，儿童将通过象征性的气球意象释放压力，为积极情绪与品格成长创造心理空间。

游戏目的

1. 释放负面情绪：帮助儿童识别并将压力、烦恼等情绪具象化释放。

2. 提升情绪调节能力：通过正念呼吸与意象训练培养情绪管理技巧。

3. 促进自我觉察：增强对自身情绪状态的感知与接纳能力。

4. 强化自我价值感：在情绪释放后建立积极的心理暗示。

扫码收听

游戏步骤

1. 准备阶段

（1）选择安静、温度适宜的环境，减少外界干扰。

（2）将灯光调至柔和的亮度以营造放松氛围。

（3）可播放自然环境音效，如风声、溪流声。

2. 正念引导

家长引导语如下。

现在，请用最舒服的姿势坐下或躺下，轻轻闭上双眼。用鼻子慢慢吸气，让肚子像气球一样鼓起来；再用嘴缓缓呼气，就像轻轻吹灭生日蜡烛。

把你的注意力放在你的内在感觉上，感受每一次呼吸带来的变化。

现在，请跟着我一起想象。你来到了一片宽阔的草地上，草地像毯子一样柔软，你的脚踩在上面感觉非常舒服。

今天的天气很晴朗，太阳温和地照在你的身上，带来温暖和舒适。

你深深地吸一口气，这里的空气清新宜人；然后，你慢慢地吐出气息。

此时，你的面前出现了一个气球，它是什么颜色的？气球飘浮在你的面前，下面系着一根绳子。在绳子的末端，有一个信封。

这是一个神奇的信封，它可以带走你的压力和烦恼。

现在，你走近气球，从信封里取出一张纸。

在心里默想一下最近的压力和烦恼。有什么事让你感到担心或不开心？你会发现，你心中所想会自动出现在这张纸上。

你的压力和烦恼都会全部转移到这张纸上。现在，把装着你压力和烦恼的纸塞回信封里，气球会带走它们。

你拉了拉绳子，气球开始往上飞，离你越来越远，再也看不到了。

这些压力和烦恼已经离你而去，你感到十分畅快和轻松，心情变得愉悦。

现在，你可以再来一次，看看还有什么烦恼可以让气球带走。例如，嫉妒、自卑，或者具体的某个烦恼，把它们系在不同颜色的气球上。

当这些烦恼都一一飞向远方时，你心中空出来的位置就会迎接正向情绪的生长。

自信、独立、勤奋、阳光、勇敢……这些优秀的品格就像种子发芽一样，在你的身体里成长，让你变得越来越有力量，越来越强大。

今后，当你有负面情绪时，就用你的气球带走它们吧！让它们飞得越远越好，直到你看不见它们。

这样，你的心中会有更多的空间来迎接积极的情绪和良好的品格，让你每天都能感到快乐和充满力量。

好了，你已经完成了一个精彩的正念游戏。现在，请缓缓睁开双眼，深呼吸，放松自己，回忆和感受一下刚才在游戏中的感觉。（结束冥想）

愿意告诉我，你感受到了哪些负面情绪被气球带走了吗？愿意和我分享一下你的感受吗？在活动中，你有没有觉得特别轻松或开心？让我们一起谈谈吧！记住，当你有压力和烦恼时，请让自己的身心回归到这个奇妙的空间，放飞你的烦恼！（分享感受）

家长小贴士

1. 引导时保持平稳语速，关键处适当停顿，给孩子充分冥想的空间。

2. 当孩子描述情绪时，采用"情感反映"技巧，例如，"听起来这件事让你很委屈。"

3. 避免评判性语言，用"我注意到……"代替"你应该……"

4. 建议每周练习 2 ~ 3 次，形成情绪调节习惯。

延伸活动

1.绘制气球：家长鼓励孩子在冥想后，用画笔将自己冥想中看到的气球和草地绘制出来，增强对冥想体验的记忆和理解。

2.制作"漂流瓶"：当孩子感到烦恼和压力时，可以在纸条上写下自己的烦恼，把纸条放进"漂流瓶"，让河水带走它，具象化情绪释放的过程。

趣味正念放松操

游戏 46　神奇眼罩

这个正念游戏可以帮助儿童缓解眼部疲劳、放松身心、提升注意力和专注力。通过简单的手部动作和呼吸调节，儿童将学会运用感官放松技巧来达到身心平静与专注的状态。

游戏目的

1. 缓解眼部疲劳：温暖眼睛，减轻眼部肌肉紧张和疲劳感。

2. 放松身心：结合手部动作和深呼吸，促进全身放松，缓解身心压力。

3. 提升专注力：在减少外界干扰的环境中，培养对内在感受的专注能力。

4.培养正念习惯：建立规律的正念练习习惯，提升整体正念水平。

扫码收听

游戏步骤

1.准备阶段

（1）选择安静、舒适的环境，避免外界干扰。

（2）适当调暗室内光线，营造放松氛围。

（3）确保儿童穿着宽松舒适的衣物。

（4）指导儿童采取坐姿或仰卧姿势，适当深呼吸，保持身体放松。

2.正念引导

家长引导语如下。

现在，慢慢闭上双眼，轻轻搓动双手，感受掌心逐渐产生的温度。注意体会手掌相互摩擦时温度的变化，让温暖充满整个手掌。（搓手升温）

将双手轻轻聚拢，形成一个眼罩的形状，然后温

柔地覆盖在双眼上。感受掌心传来的温度，让这份温暖慢慢渗透到眼睛和额头。（制作神奇眼罩）

继续保持闭着双眼，深呼吸：慢慢吸气，然后缓缓呼气。在深呼吸过程中，感受眼睛和额头肌肉逐渐放松的感觉。让额头和眼周的肌肉完全舒展，消除所有紧绷感。（眼部放松）

继续保持这个姿势，进行平稳的呼吸，享受手掌传递过来的温暖和舒适。（建议保持 1 ~ 2 分钟，充分体验放松效果）

现在请慢慢放下双手，轻轻睁开双眼。感受周围的环境，觉察此刻的身心状态。（结束动作）

你做得很好！通过这项练习，你已经成功放松了眼睛和整个身心。记住，当感到眼睛疲劳或需要放松时，随时可以做这项练习。（总结反馈）

刚才的练习感觉如何？你有什么特别的感受吗？在覆盖眼睛时，你是否感受到明显的放松或温暖？你觉得这项练习对眼睛和身体有帮助吗？愿意和我分享一下吗？（分享感受）

家长小贴士

1. 使用温和、鼓励的语气引导每个步骤，确保儿童感到安全舒适。

2. 对儿童的所有体验给予积极回应和支持，鼓励持续练习。

3. 家长可以示范动作，与儿童共同练习，增进互动和信任感。

延伸活动

1. 护眼小憩：建议儿童在长时间用眼后进行"神奇眼罩"练习，帮助眼睛休息。

2. 感官觉察：除了覆盖双眼，还可以尝试用"神奇眼罩"覆盖耳朵、鼻子或嘴，增强儿童对其他感官的觉察能力。

3. 呼吸放松：将简单的呼吸调节融入练习，进一步提升放松效果。

游戏 47　坐式伸展

　　这是一项结合身体动作与呼吸调节的正念游戏，旨在帮助儿童伸展肢体、提升身体觉知、培养专注力并达到身心放松的效果，促进身体与心理的协调统一。

游戏目的

　　1. 舒展身体：通过适度伸展动作缓解肌肉紧张，增强身体柔韧性。

　　2. 提升身体觉知：培养儿童对身体姿态和动作的觉察能力。

　　3. 促进身心放松：借助动作与呼吸的配合实现放松状态，缓解压力。

　　4. 培养正念习惯：建立规律的正念伸展练习模式，提升整体正念水平。

扫码收听

游戏步骤

1. 准备阶段

（1）选择安静、舒适且不受干扰的环境。

（2）调整座椅高度，确保儿童能保持自然坐姿，后背自然挺直、双肩放松。

（3）指导儿童微闭双眼，双脚平稳触地，双手自然置于桌面或膝盖上。

2. 正念引导

家长引导语如下。

现在，慢慢闭上双眼，请将手掌相对，缓慢上举至头顶上方，保持肘部、腕部和手指自然伸直。感受手臂向上延伸时身体的舒展感。

保持这样的姿势，将注意力转移到呼吸上，感受空气在鼻腔中流动。保持平稳的深呼吸。

请慢慢放下双臂，回到起始位置。现在做一次深呼吸：吸气并稍作停顿，然后缓缓呼气。留意此刻的身体感受。（深呼吸，保持10秒静默）

我们将这个动作重复 3 ~ 5 次。（重复练习）

慢慢睁开双眼，适应周围环境。（结束动作）

你完成得很好！通过这项坐式伸展练习，你的身体得到了舒展，心情也更加放松了。记住，当感到身体紧绷或需要放松时，都可以进行这项练习。

刚才的伸展练习感觉如何？身体有哪些变化？在练习过程中，哪个部分让你感觉最放松？你觉得这项练习对身体和情绪有帮助吗？愿意和我分享你的体验吗？（分享感受）

家长小贴士

1. 使用平和、鼓励性的语言引导每个步骤，确保儿童感到安全舒适。

2. 对儿童的任何练习反馈都给予积极回应和支持。

3. 建议每周进行 3 ~ 4 次练习，帮助儿童建立规律的正念伸展习惯。

延伸活动

1. 立式伸展：调整为站立姿势进行练习。

2. 伸展冥想：在伸展时加入自然场景想象，例如，想象自己在一片宁静的森林中或在平静的湖泊边伸展身体，增强正念体验。

3. 家庭伸展时间：设定固定时段，全家共同参与伸展练习，增进亲子互动。

游戏 48　坐式侧弯

这个正念游戏结合了简单的伸展动作与深呼吸练习，帮助儿童通过侧身弯曲动作配合呼吸调节，体验身体的舒展与内心的平静，有效缓解紧张情绪，培养正念意识，促进身心平衡。

游戏目的

1. 促进身体放松：通过侧弯动作缓解肌肉紧张，增强身体柔韧性。

2. 提升身体觉知：加强对身体姿势和动作变化的感知能力。

3. 增强专注力：通过呼吸与动作的配合，提高注意力集中水平。

4. 缓解压力和焦虑：借助伸展和深呼吸，达到身心放松的效果。

扫码收听

游戏步骤

1. 准备阶段

（1）选择安静、舒适的环境，避免外界干扰。

（2）建议使用瑜伽垫或软垫增加舒适度。

（3）播放轻柔的背景音乐。

（4）指导孩子采取舒适坐姿，后背自然挺直，双肩放松，全身保持自然状态，适当深呼吸。

2. 正念引导

家长引导语如下。

（1）左侧弯曲

现在请轻轻闭上双眼，双手合十，拇指交叉，食指向上伸展，其余手指自然交握，双臂伸直举过头顶。

缓慢向左侧弯曲身体，深吸一口气，感受脊柱延伸；缓慢呼气，体会身体向左侧伸展的感觉。（保持10秒）

然后缓慢地将身体回到正中位置。

（2）右侧弯曲

现在，向右侧弯曲身体，深吸一口气，保持姿势稳定；缓慢呼气，感受身体向右侧伸展的感觉。（保持10秒）

现在，缓慢地将身体回到正中位置，慢慢放下手臂，将双手放在大腿上，感受自然的呼吸节奏。

（3）重复练习

进行3～5次完整的左右侧弯练习，每次动作配合完整的呼吸周期。（吸气侧弯，呼气归位，每组动作做完保持静止10秒，体会身体的感受）

（4）结束动作

现在慢慢睁开双眼，适应周围光线。你很好地完成了坐式侧弯练习，成功舒展了身体，放松了心情。这项简单的练习可以在感到紧张时随时进行。

可以和我分享一下练习时的感受吗？在伸展过程中，身体哪些部位感觉最明显？呼吸和动作配合时，你的注意力是如何变化的？（分享感受）

家长小贴士

1. 使用平稳、鼓励性的语调引导。

2. 对孩子的任何体验都给予积极回应，避免评判性语言。

3. 建议家长同步示范动作，建立安全的练习氛围。

4. 提醒孩子在课间或作业间隙进行简版练习。

5. 当孩子在日常生活中感到紧张时，鼓励孩子随时通过舒展动作解压。

延伸活动

1. 立式侧弯：孩子双脚并拢站立，缓慢向左右侧弯，增强平衡能力与躯干柔韧性。

2. 全身伸展：孩子在站立时配合深呼吸完成前屈后仰动作，促进脊柱健康。

游戏 49　小旋腰

这是一项结合身体动作与呼吸练习的正念游戏，通过缓慢的腰部旋转和深呼吸，帮助孩子提升平衡能力、增强身体感知、促进放松并提高专注力。

游戏目的

1. 提升身体平衡感：通过腰部旋转动作，增强孩子的平衡能力和身体协调性。

2. 增强身体觉知：帮助孩子更好地觉察身体姿势和

动作的变化。

3. 促进身心放松：结合动作与呼吸，缓解紧张，放松身心。

4. 增强专注力：培养孩子在动作过程中的注意力集中能力。

扫码收听

游戏步骤

1. 准备阶段

（1）选择一个安静、舒适的环境，确保不受干扰。

（2）调整座椅高度，确保后背自然挺直，双脚平稳触地。

（3）双手可轻放在书桌或膝盖上，保持放松。

2. 正念引导

家长引导语如下。

（1）呼吸觉察

请放松肩膀，保持身体静止。深呼吸，感受空气从鼻腔进入，然后从口腔呼出。（进行 3 ~ 5 次深呼吸）

（2）右侧旋转

右手轻放在后腰中间，左手放在右大腿上。从腰部开始，缓缓向右旋转上身。眼睛看向右肩方向。保持姿势，接着轻轻闭上双眼，用鼻子深吸一口气，再用嘴慢慢呼出。保持后背自然挺直，肩膀放松，感受呼吸时空气的流动。觉察身体此刻的感觉。

现在慢慢将上身转回正位。

（3）左侧旋转

接下来，慢慢睁开双眼，将左手轻放在后腰中间，右手放在左大腿上。从腰部开始，缓缓向左旋转上身。眼睛看向左肩方向。

现在，轻轻闭上双眼，用鼻子深吸一口气，再用嘴慢慢呼出。保持后背自然挺直，肩膀放松，继续深呼吸，感受呼吸时空气的流动。觉察身体此刻的感觉。

现在慢慢将上身转回正位。

（4）重复动作

双手放回书桌或膝盖上，感受自然的呼吸。（保持10秒）

重复旋转动作 3 ~ 5 次。

（5）结束动作

将身体完全回正，深吸一口气，屏住呼吸片刻，再缓缓呼出。

觉察此刻的身体感受。（保持 10 秒）

慢慢睁开双眼，感受周围的环境。

做得很好！通过这项练习，你提升了平衡感，也让身心得到了放松。记住，当你感到紧张或需要放松时，都可以做这项练习。

刚才的练习感觉如何？身体有什么变化吗？在旋转和呼吸时，有没有特别放松的感觉？

你觉得这项练习对平衡感和身体放松有帮助吗？愿意和我分享一下吗？（分享感受）

家长小贴士

1. 用温和、鼓励的语气引导孩子，确保他们感到安全舒适。

2. 无论孩子有何感受，都给予积极反馈，鼓励持续练习。

3. 家长可示范动作，与孩子一起练习，增强互动和信任。

4. 建议定期练习，帮助孩子养成舒展身体和专注的习惯。

延伸活动

1. 道具辅助：家长可以让孩子手持软垫、毛巾或丝带等轻便物品练习，增加趣味性。

2. 眼身协调：旋转腰部时，双眼跟随动作，先看一侧肩膀，再看另一侧，增强协调性。

游戏 50　站姿陀螺

这是一个结合身体动作与呼吸练习的正念游戏，通过缓慢的头部、腰部和膝部旋转配合深呼吸，帮助儿童提升平衡感、增强身体觉知、促进放松并提高专注力。

游戏目的

1. 提升身体平衡感：通过旋转动作增强平衡能力和身体协调性。

2. 增强身体觉知：帮助儿童觉察身体姿势和动作变化。

3. 促进身心放松：结合动作与呼吸缓解紧张情绪。

4. 增强专注力：培养动作过程中的注意力集中能力。

扫码收听

游戏步骤

1. 准备阶段

（1）选择安静、舒适且空间充足的环境。

（2）可播放轻柔的背景音乐。

（3）指导儿童双脚分开与肩同宽站立，双手自然垂放于腰部两侧，闭眼保持身体直立。

2. 正念操引导

家长引导语如下。

（1）静止与觉知

请保持直立站姿，将手臂放在身体两侧。轻轻闭上双眼，感受双脚与地面的接触。放松肩膀，保持身体静止。（保持10秒）

（2）呼吸觉察

注意鼻腔中空气的流动。（保持10秒）

（3）头部顺时针转动

现在，头部缓慢地进行顺时针转动，四个节拍转动一圈。

一二三四，二二三四，三二三四。

（4）头部逆时针转动

现在，换方向，头部逆时针慢慢转动，还是四个节拍转动一圈。

一二三四，二二三四，三二三四。

（5）腰部顺时针转动

双手叉腰，腰部缓慢地进行顺时针转动。

一二三四，二二三四，三二三四。

（6）腰部逆时针转动

现在，换方向，腰部逆时针慢慢转动。

一二三四，二二三四，三二三四。

（7）膝部顺时针转动

现在，双手分别放在膝盖上，膝部慢慢进行顺时针转动。

一二三四，二二三四，三二三四。

（8）膝部逆时针转动

现在，换方向，膝部逆时针慢慢转动。

一二三四，二二三四，三二三四。

（9）恢复端正姿势

慢慢站直，双臂自然下垂，感受呼吸。（保持10秒）

（10）结束动作

轻轻睁开双眼，适应周围光线。你做得很好！通过"站姿陀螺"这项游戏，你已经成功地提升了身体的平衡感，放松了身心。感到紧张时，你可以随时练习。

身体在转动时有什么感觉？哪个部位的动作让你感觉最放松？你觉得这项练习对提升身体的平衡感有帮助吗？（分享感受）

家长小贴士

1. 用温和、鼓励的语气引导孩子，确保他们感到安全舒适。

2. 无论孩子有何感受，都给予积极反馈，鼓励其持续练习。

3. 家长可示范动作，与孩子一起练习，增强互动和信任。

4. 建议定期练习，帮助孩子养成舒展身体和保持专注的习惯。

延伸活动

1. 坐姿陀螺：家长引导孩子由站姿变成坐姿，动作幅度可相对较小，注重意念和动作的统一。

2. 旋转冥想：可配合冥想场景，如想象自己在一片宁静的森林中做旋转操，增强新奇的正念体验。

几个月过去了，渐渐入秋，空气中多了一丝清爽的凉意。小薇的状况有了明显好转。她开始能够平静地讲述自己的烦恼，也能逐渐正确对待噩梦带来的恐惧，并学会用积极的想象驱散内心的黑暗。她的脸上重新浮现出笑容，眼中闪烁着久违的光彩。

在一次咨询会面中，小薇兴奋地向我分享："老师，我昨晚又梦到那个走廊了，但这一次我没有被困住。我想象自己拿着一盏灯，把每一个黑暗的角落都照亮了。那些挂着的脸好像也没那么可怕了，最后黑影自己消失了。"

她说这话时，眼里带着明亮的光芒，脸上浮现出久违的自信微笑。那一刻，我由衷地为她的进步感到欣慰。

张女士见到女儿的转变，更是喜极而泣："谢谢您，老师！小薇晚上终于能安稳睡觉了，早晨起床也不再满脸疲惫。"

那一个傍晚，夕阳将天空染成温暖的橙红色。小薇和父母一起走出咨询室，神情中带着久违的轻松与感激。秋风吹落几片金黄的树叶，在门口轻轻打着旋儿，仿佛也在见证这个家庭的新生。

　　望着小薇欢快的背影，我心中充满欣慰。帮助孩子们走出夜晚的黑暗，迎接白天的光明，始终是我作为心理咨询师的使命与价值所在。治疗的过程就像一场温柔的修复之旅，我们共同揭开噩梦的面纱，将躲藏在阴影中的压力与恐惧慢慢化解。

　　每当想起孩子们离开咨询室时脸上那抹释然的笑容，我都会想：这世间最动人的风景，莫过于重新被点亮的心灵之光。

结语

让正念陪伴孩子成长

回首这一路走来的正念教养之旅，内心充满感恩与欣慰。正念不仅重塑了我与儿子的亲子关系，更深刻改变了我的育儿理念与实践。让我们共同回顾这段珍贵的历程，并展望正念如何持续滋养孩子的健康成长。

初次接触正念时，我的理解仅停留在理论层面。当时只是抱着尝试的心态，希望找到缓解育儿焦虑的方法。然而，正念展现的力量远超预期——它如同一粒种子，在我的心田悄然生根，最终绽放出意想不到的花朵。

正念教养远不止一系列练习和游戏，更是生活方式的积极转变。这种转变教会我们在纷扰中保持内心的宁静与平衡，在教养过程中给予孩子更深层的理解。正念让育儿从充满压力的"战役"转变为充满爱的"陪伴"。

通过持续练习，我儿子逐渐掌握了聆听内心、应对挑战、感恩分享的能力。见证他越来越独立、自信，是为人父母最大的喜悦。当我把这些方法应用于专业领域后，更帮助了无数家庭。尽管每个家庭面临的问题各异，但正念教养始终展现出简单而深远的效力。

正念教养的精髓在于专注当下，关注孩子的内在体验，而非单纯地追求外在表现。这种方法不仅能缓解孩子的压力、增强自信，更能促进家庭和谐，强化亲子情感联结。通过正念，父母得以更准确地理解孩子的需求，提供更适切的支持。

这种转变使亲子关系更加紧密，家庭氛围更加和谐。我们学会了在忙碌中创造高质量陪伴，在冲突中保持冷静，在困境中相互扶持。这些改变不仅体现在互动模式上，更促进了每位家庭成员的内在成长——父母变得更具包容力，孩子变得更为自主。正念教养为家庭注入了温暖与力量。

掌握正念需要持之以恒的练习，其力量源于日积月累的实践。虽然原理简单，但要将其内化并非易事。本书收录的 50 个正念游戏及百余个延伸活动给父母提供了切实可行的指导。

需要强调的是，正念教养不应机械地套用书中介绍的方法。每个家庭的独特性、每个孩子的特殊性，都要求我们灵活调整、持续创新，才能使正念发挥最大效益。

展望未来，正念将继续陪伴孩子的成长旅程。无论面对挑战还是机遇，它都能帮助我们保持内心澄明，在变幻的环境中锚定方向。

本书凝聚了许多珍贵经验。每个游戏与练习都源于我与孩子们的真实互动，我要特别感谢这些家庭的无私分享。期望通过本书，能让更多家庭受益于正念教养。这不仅是一种方法，更是生活的智慧。

育儿如同呼吸，自然、平凡且至关重要。正念教养则像深呼吸，让育儿之路更加从容美好。它帮助我们成为更好的父母，也让孩子成为更好的自己。愿每个孩子都能在正念的滋养下茁壮成长，拥抱光明的未来。

正念工具箱

附录 1　靶心冥想图

扫码获取电子版

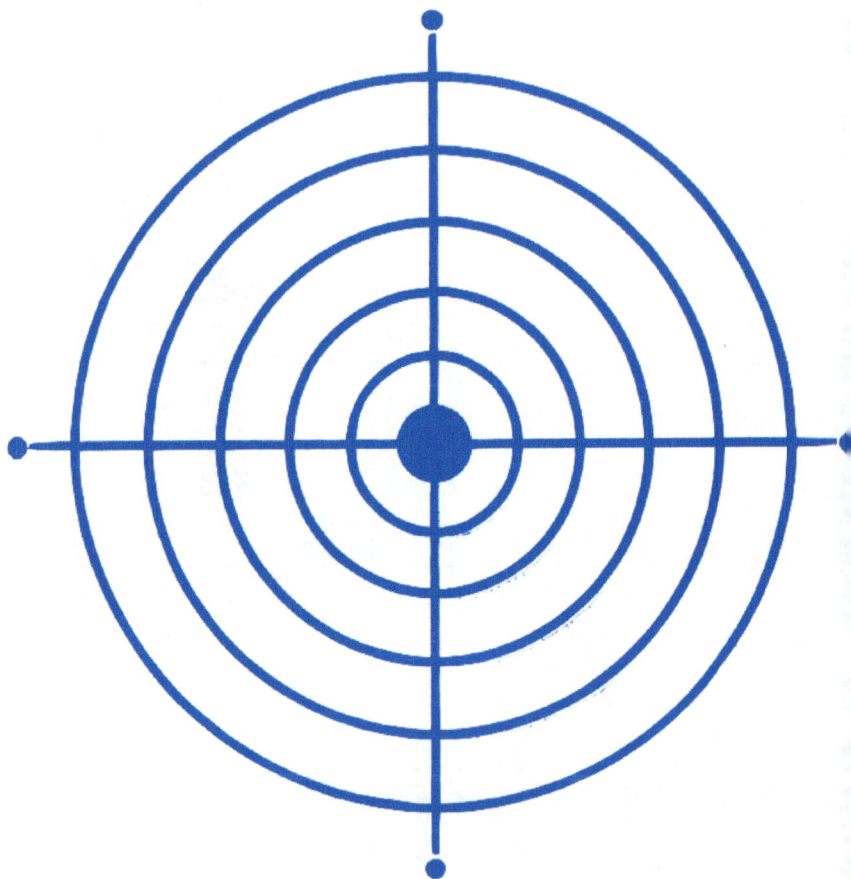

附录 2　曼陀罗图形

扫码获取电子版

附录 3　情绪表情卡片

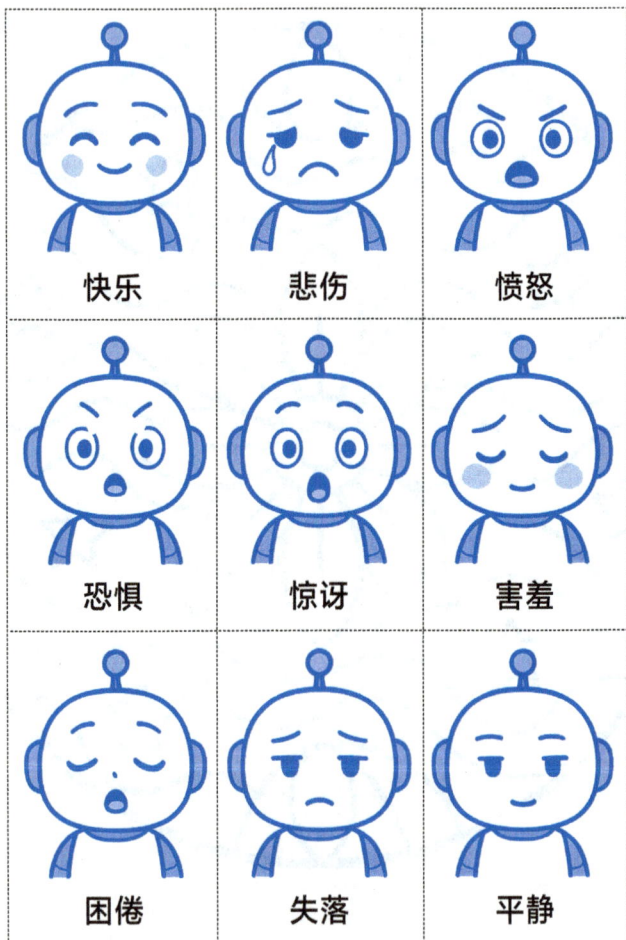

快乐	悲伤	愤怒
恐惧	惊讶	害羞
困倦	失落	平静

扫码获取电子版

附录 4　情绪晴雨月历

情绪天气符号

开心　　悲伤　　愤怒　　焦虑　　平静

月历　　　　　　　　　　　　　　_____年____月

1	2	3	4	5	6	7
8	9	10	11	12	13	14
15	16	17	18	19	20	21
22	23	24	25	26	27	28
29	30	31				
本月小结：						

附录5　情绪分析日记

扫码获取电子版

日期：　　　　　　　　　　　　　　我的主要情绪：

情绪的来源：发生了什么事情？
情绪的感受：感觉如何？有何身体反应？
情绪的影响：对自己和他人有什么影响？
处理方式：如何处理和管理情绪？
反思：如何做出改进？

附录 6　快乐之花

扫码获取电子版